大学教授が発見した
ゴルフ上達39の定理

城戸淳二

GENTOSHA

はじめに　～ゴルフは研究の連続だ！～

私は、山形大学で有機ＥＬの研究をしている研究者です。

ゴルフに関しては、51歳で初めてクラブを握り、まだキャリア2年程度のビギナーですが、始めてから正味1年で89というスコアを出すことができました（私が1年で90を切った過程は角川ＳＳＣ新書から出た拙書『大学教授が考えた1年で90を切れるゴルフ上達法！』にまとめてあります）。

何故《なぜ》、**ゴルフに関しては、全くの素人だった私が、始めて1年で、90を切るほど上達できた**のか？　自分なりに考えてみると、私が研究を生業にする研究者だったことが、ゴルフの腕前を上げるのに大いに役立ったという結論にいたりました。

研究とゴルフ。一見何の関係もなさそうですが、実はこの2つには「分からないことだらけ」という共通項があります。

まっすぐに打ったはずの球が、ブーメランのように右に曲がり、林の中に消えていく。しっかりとボールを見てクラブを振ったはずなのに、何故かボールはシャフトに当たる。

ゴルフをやっていると、このような「なんでぇ～？？？」と頭をひねらざるをえない、訳の分からないことが続々と起こります。

このような、訳の分からないことにぶち当たると、なんとかしてその謎を解明してやろうと、魂がメラメラと燃え上がるのが、研究者という人種なのです。

思うようなショットが打てなければ、一生懸命、原因について考えます。頭で考えているだけでは分からないので、いろいろな文献も調べます。朧《おぼろ》げに原因らしきものが見えてきたら、今度はその仮説が正しいかどうか、実際に試してみます。

こうやって、**いくつもある上達への課題を一つずつ潰していく過程**は、まさに我々研究者が日頃やっている研究そのものなのです。

それゆえ、我々研究者はゴルフに一旦はまってしまうと、抜け出せなくなってしまうのです。

実際、このゴルフという研究にはまってしまった研究者はたくさんいます。iPS細胞の研究でノーベル生理学・医学賞を受賞された京都大学の山中伸弥教授も、同じくノーベル化学賞を受賞された米国パデュー大学の根岸英一先生もゴルフ好きで知られていますし、数え上げたらキリがありません。

それほど、**ゴルフは研究者の心を刺激する**のです。

本書では、研究者である私が「考え」、「試し」、「これはいい！」と確信したゴルフ上達法を披露させていただこうと思います。

もちろん、全てが皆さんのお役に立つとは考えていませんが、研究者なりのゴルフへの取り組み方が、皆さんのスコアアップに少しでもつながれば、ゴルフを愛する同志としてこれ以上の喜びはありません。

あっ、そうそう。研究者である私は、周りにいるゴルファーを観察するのが癖になっています。それで気がついたのですが、**ゴルフほど人の本性を明け透けにしてくれるものはこの世に他にない**ように思います。

普段は紳士然としているのに、ゴルフコースでクラブを握った瞬間、その正体を現す人の多いこと、多いこと！

本書では、私が出会ったそんな奇人変人ゴルファーのなりふりも併せてご紹介したいと思います。

どんな変人が登場するかって？

それは……是非、読んでみてください。乞うご期待です！

著者

大学教授が発見した ゴルフ上達39の定理

目次

第2章　上手な人ほどシンプルに打つ

第3章 コースでよく効く城戸式練習法

第4章　スコアを5打縮めるスマートラウンド術

第5章　No Golf, No Life

カバーデザイン　石川直美（カメガイ デザイン オフィス）
カバーイラスト　caraman-Fotolia.com
編集協力　㈱トプコ 井手晃子
小関敦之
DTP　美創

第１章

考えるゴルフで
１年で90切り！

定理1

シングルとクラチャン——目標設定は高く

「はじめに」でもお話ししたように、ゴルフと研究は本質的なところで非常に似ています。それが故に、我々研究者はゴルフにはまってしまうのですが、まずは、ゴルフと研究の何がどう似ているのかについて、もう少し詳しくお話ししましょう。

どの分野でも同じですが、研究には常に目的とするゴールがあります。そのゴールを目指して、研究者は日夜いろいろな実験を繰り返しているのです。

私自身が今取り組んでいる研究は、世界で誰も成し得ていない成果を求めているので、**目指すべきゴールはとてつもなく高い**ところにあります。

山登りにたとえると、そんじょそこらのハイキングで登るような山ではなく、エベレストやK2のような、極めて高い山の頂を目指しているのです。

しかも、ただ単に登ればいいというわけではなく、世界の誰よりも早く、その頂点にたどり着くことが求められています。つまり、同じ分野で研究を進めている、世界中のライバルとの競争に打ち勝ち、先に成果を出さなくてはいけないのです。

そのためには、スピードが大変重要になるので、登り始める前に、どうやったら効率よく頂上まで到達できるかを考えます。

効率よく登るために、まずはどんな山なのか、山の概要を知らなくてはいけません。しかし、研究の場合、初めの段階では、山の全容はボヤっとしか見えないのが普通です。雲の上に頂上が隠れていたりするのと同じで、どんな山なのか、はっきりとは分からない状況で登り始めるのです。

「山の全容はよく分からないけれど、あの頂上に登ったらすごいものがある」という信念で始めるのが研究で、私がやっている有機ＥＬの研究も「プラスチックが電気で光ったらすごいことになるんじゃないか」という思いから始まったものです。

このように、非常に高い目標に向かって登り始めるのですが、その際、一番重要なのが、**どのルートを通って登るのが一番早く頂上につけるのかを見極める**ことです。

首尾よく「よし、このルートだ！」というルートが見つかったとしても、実際に登り始めてみると、途中にクレバスがあったり、思いもかけなかったところで断崖絶壁にぶち当たったり、行く手を遮《さえぎ》られてしまうことも往々にして起こります。

ですので、山に登るときにはAルートがダメなときはBルート。Bルートも使えないときは、更に別の道というように、いくつもの迂回路を考えておく必要があります。

研究もこの山登りと全く一緒で、目標に向かってある方法を実験で試してみて、結果が思わしくなかった場合、次にまた同じ方法を繰り返しても、100回やっても100回失敗するだけなので、別の方法を試し、その結果を見てまた次のステップに進む。こんなことの繰り返しで、徐々にゴールへと近づいていくのです。

この試行錯誤の過程が、研究とゴルフは極めて似ているのです。

先にもお話をした通り、私は**51歳のときに生まれて初めてクラブを握ったので、ゴルフ歴はまだ2年程度のビギナー**です。しかし、直近の目標を、「シングルプレイヤーになること」と、「所属しているゴルフコースのクラブチャンピオンシップ（クラチャン）を獲得する」という、高いところにおいています。今の私の実力からすると、人から見ると無謀とも思われるかもしれない高い目標ですが、本人はいたって真剣です。

もちろん、すんなりと目標が達成できるとは思っていません。山登りと同様に、クレバスに出くわしたり、いろいろなハードルがあるのは間違いありません。しかし、壁にぶつかったからといって諦めてしまっては、絶対に頂上には行けません。

そんな壁にぶつかったときにどうするか？　頭の中でいろいろと考え、自分なりの仮説を立てて、練習場で試してみる。首尾よく壁を克服したときの喜びは、望外のものがあります。こうやって、**着々とゴールに向かう日々が、今は楽しくて仕方がないのです。**

やっぱり、ゴルフは研究者に向いているのです。

骨折で開眼――
腕の重みでヘッドが走る

定理
2

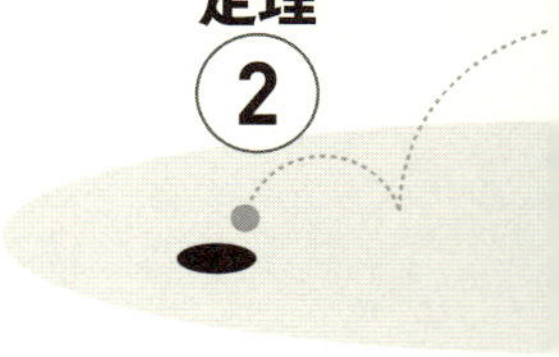

私はゴルフを始めて正味1年で、90を切ることができました。実はゴルフを始めるにあたり、周辺には「１年で１００を切る」と宣言していたのですが、宣言以上の順調な上達ぶりには自分自身も満足しています。

しかし、この間、全てが順調に進んだわけではありませんでした。ゴルフを始めて半年ほど経ったある日、大きなアクシデントに見舞われてしまったのです。

私は若い頃から競技スキーをやっていて、今も冬場はスキーの練習は欠かしません。その日も、いつものように練習に出かけたところ、転倒して、**右腕の肩に近い部分を骨折してしまった**のです。２０１１年1月のことでした。

これがただの骨折ではなく、肩の関節部分の骨が４分割されるという結構な重症で、骨が固まるまで1年間、チタンプレートを入れて固定しなくてはいけないハメになってしまったのです。

ちょうどその頃は、ゴルフが面白くなってきた盛りの時期でした。しばらくゴルフができないと分かり、一瞬目の前が真っ暗になりました。

もともと医者からは、「ゴルフの再開は、半年間はまず無理。普通1年かかる」と言われていました。しかし、そんな長い間お預けを食ってはたまったものではありません。

ボールを打つのはまだ痛すぎて無理ですが、とにかくできることから始めようと策を講じました。具体的には、まずは筋肉が落ちないように腕をつるのをやめました。「まず動かさなあかん」と思い、腕をいつもブーラブラ、ブーラブラとさせたまま生活することにしたのです。

そんな状態なので、大変なことも多かったのですが、**骨がくっつく前にゴルフを再開したことによって、発見したこと**もありました。

それは「腕というものは重い」ということです。五体満足なときは全く意識しませんが、腕というものは本当は非常に重いのです。

骨折していた右腕は力を入れられないので、トップまでクラブを持ち上げるのは、左手で同時に右手も一緒に持ち上げるような感じになるのですが、これが重い。

これだけ重いものを持ち上げているのだから、**トップからの切り返しの際に、力を入れずに、スッとゼンマイをほどくようにしてあげれば、腕の重さと体のねじれの力で、ヘッドが走る**のは道理なのです。

ショットが安定しない人は、トップの位置から思いっきり力を入れて、ボールを打ちにいってしまう傾向があります。しかし、腕の重さを使えば、ゴルフのスウィングでは力を入れる必要は全くないのです。

骨折したおかげで、私は腕の重さを嫌というほど実感させられました。その結果、それまで以上にトップから力を抜いて振るスウィングが、しっかりと身についたように思います。

まさに怪我《けが》の功名！　更に言うと、失敗してもただでは起きない研究者の本領発揮です。

定理 3

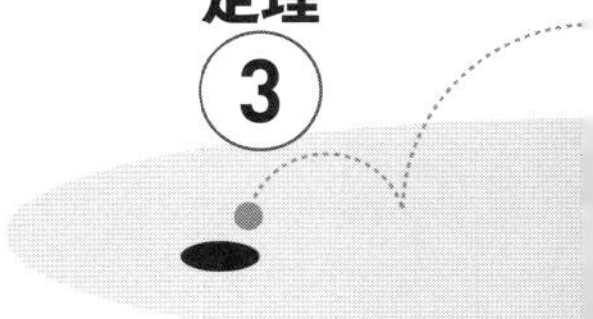

興奮してもダメ、落ち込んでもダメ

先ほど、ゴルフにおける直近の目標を「シングルプレイヤー」、そして「所属するゴルフコースのクラチャンを獲得する」ことにおいているというお話をお伝えしました。

シングルプレイヤーというのは、全ゴルファーのうち３％程度と言われていますし、また、クラブチャンピオンシップで優勝するためには、何百人といるメンバーを打ち破らなくてはいけません。そのためには、**技術レベルでアマチュアのトップクラスに入らなくてはいけません**ので、もちろん鍛錬は欠かせません。

このように、技術的に成長することも重要ですが、実は、私、もう一つゴルフにおける目標を掲げています。

それは、ゴルフ道の黒帯を締めることです。

ゴルフ道という言葉は聞きなれないと思いますが、私が勝手に使っている造語で、剣道や柔道などの武道をもじった言葉です。

実は、私はもともと空手が好きで、道場にも通っていたことがあるのですが、ゴルフというスポーツは、武道と共通する要素がたくさんあると感じています。

例えば、武道では、道場に入るときに礼をしたり、試合の前後で対戦相手に対して敬意を表したり、礼儀作法を重んじています。

これは、稽古や試合を自らを高める手段として捉え、それに協力してくれる相手に対しての、感謝や礼節を忘れてはいけないという武道の考えに基づいているものです。

仮に、武道において感謝や礼節が軽んじられると、それは自らの力量を見せつけるだけの、単なる暴力になってしまいます。つまり、ただ単に強いだけでなく、人間性も問われるのが武道の世界です。

ゴルフもまた**紳士のスポーツと呼ばれている**ように、マナーを重んじています。それは、ゴルフではプレイヤー自身が審判であり、スコアを自己申告することと密接に関係しています。

自己申告制なので、スコアをごまかすことは非常に簡単です。また、ライの悪いところに落ちたボールを「誰も見ていないから」と動かすことも、やろうと思えばできてしまいます。

しかし、そんなインチキをやってスコアを良く見せても、何の意味もないのは言うまでもありません。インチキをせずに、スコアを正直に申告するのは、最低限のマナーです。この程度の、最低限のマナーも守れないような自己責任の意識に乏しい人は、そもそもゴルフをやる資格がないと言われても仕方がありません。つまり、**ゴルフというスポーツは、人間性が問われるという点で武道と共通している**のです。

また、単に肉体や技術を鍛えるだけではなく、精神を鍛えることを重んじるところも、ゴルフと武道の共通点ではないかと思います。

興奮してもダメだし、落ち込んでもダメ。ナイスショットを打つためには、常に平静に、山の中のシーンと静まり返った池のような心境を保たなければなりません。そのための精神修行が必要なのも武道に通じるものがあります。

よく言われる、「勝つと思うな、思えば負けよ」ではありませんが、「ここで一発！」と気負った瞬間にチョロしてしまうのがゴルフです。

このように、礼儀作法やメンタル面の鍛錬が要求される点で、ゴルフは日本の武道に近く、**西洋生まれのスポーツでありながら、日本人に受け入れられやすい素地を持ったスポーツ**なのではないかと感じています。

では、そんなゴルフ道で黒帯をつけるには、どうしたらいいでしょうか？

黒帯を締めるためには、当然、技術的にも秀でなくてはいけません。しかし、いいスコアで回ればそれでOKかというと、そんなに単純なものではありません。次項で考えてみたいと思います。

定理4

「考え抜くゴルフ」のすすめ

ゴルフ道を極めて、黒帯を締めるために、まずはゴルフに真面目に取り組むことが必須です。

私の周りにもゴルフ好きの人間はたくさんいますが、正直、真面目に取り組んでいるように見える人はあまり多くはいません。中には、**20年もゴルフをやっているのに未だに100も切れない人が少なくない**のです。

その理由は後で詳しくお話ししますが、結局のところ、真面目にゴルフに取り組んでいないことに尽きるように感じます。

ゴルフを始める前、私はゴルファーという人種は2種類に大別できるのではないかと考えていました。

まずはゴルフをレジャーだと割り切っていて、月に一度くらい友達と回って、爽快感を味わいながら楽しくプレイして、18ホールで1発くらい「本日一番」のショットが出れば大満足。その日の夜、美味《おい》しくビールが飲めれば、それでいいと割り切っている人。

こういう人にとってゴルフは完全に遊びなので、そもそも黒帯云々《うんぬん》の対象にはなりません。誤解のないよう一応断っておきますが、ゴルフをどう捉えるかは、個人の自由なので、こういう考え方の人がいても私は全然問題ないと思っています。

話を元に戻しますと、もう1種類は上手くなりたいと真面目に考えていて、「できればシングル」もしくは、そこまでは行かないにしても、**コンスタントに80台後半くらいで回るのを目標に、自分なりの努力を欠かさない**人。こういう人がいずれ黒帯をつけるゴルファーになる候補です。

このように、ゴルファーは2種類に分けられるのかと思っていたのですが、実際に自分もゴルフを始めて、周りを観察してみると、どっちつかずの人が一番多いことに気がつきました。

即《すなわ》ち、気楽に楽しく回りたいけど、上手くもなりたい、でもあまり練習はしたくない、そんなド厚かましい人が一番多いのです。

改めて言うまでもありませんが、練習もしないで、上手くなろうと思ってもそれは無理というものです。そんなことを考えている時点で、ゴルフに真面目に取り組んでいるとは言えないので、「黒帯の資格なし」だと言われても仕方ないでしょう。

ゴルフに真面目に取り組む。その最大のポイントは、如何《いか》に頭を使うかだというのが私の持論です。実際コースに出てみると、**頭を全く使っていないゴルファーが多いのにびっくり**させられます。

例えば、右に1発OBを打ってしまったとしましょう。「えー、おかしいなあ」とか言って、もう1発同じように打つとまたOB。こんな光景が日本中のゴルフ場で毎日繰り返されています。

同じクラブを持って同じようなスウィングをしたら同じところに飛ぶのに決まっているのに、同じミスを繰り返すゴルファーの多いこと、多いこと。

ミスショットがでてしまったら、何であんな球が出たのか、まず考えるべきです。そして、反省してそういう球が出ないように努力すること。これが黒帯ゴルファーになるために重要なステップです。

右に行った理由が分かれば、そうならないようにクラブを振るだけ。しかし、まずその理由を考えない。考えないから、反省もしないし、自分の間違いを直そうと努力もしない。これでは、一生黒帯を締めるのは無理です。

何がいけなかったのか、自分で考えるのではなく、人の助けを借りようとする人がいますが、これも感心しません。

学校の勉強でも、いくら問題集に取り組んでも、答えをすぐ見てしまってはちっとも身につかないように、**人に頼ってばかりではダメ**なのです。

自分で考えて、自分の脳のシワに刻み込むことが重要で、この過程を踏まないことには上達は覚束無《おぼつかな》いのです。考えて、考えて、考え抜いた末に前進する。この過程にこそ面白みがあり、ゴルフ道黒帯のために避けては通れない道なのです。

力を入れないスウィングを、重いクラブで身につける

定理 5

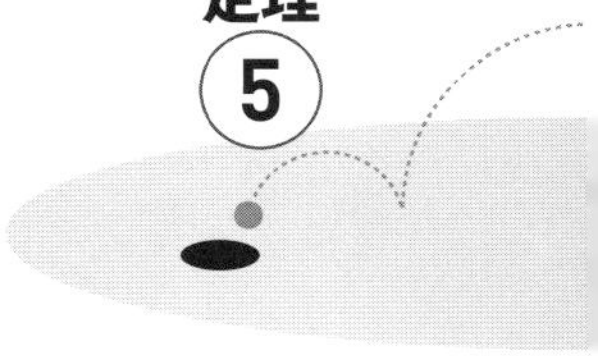

最近のゴルフクラブは、技術の進歩が著しく、多少のミスであれば補ってくれるような設計のものも見られます。特に初心者用のアイアンの中には、ヘッドが極端に大きく、**スウィートスポットを広くした上、更に重心を低くして、誰でも球が上がる**ように作られているものもあります。

確かに、ゴルフをやり始めの段階で、上級者用のクラブを使ってしまうと、なかなかボールが飛ばず、ゴルフ自体が面白く感じられないかもしれません。そのせいで、早々にゴルフをやめてしまう人もいるでしょう。そうならないように、初心者でも楽しめる易しいクラブが必要なのは理解できます。

しかし、仮にも黒帯を締めようというのであれば、道具に頼るようではダメだと私

は思っています。ミスはミスとして、打った本人にペナルティーを課すような難しいクラブを使いこなしてこそ、黒帯を締める資格があるのだと思うのです。

私自身、今はタイトリストMBというマッスルバックのアイアンを使っています。このクラブは非常に難しくて、ちゃんとしたスウィングをしないとナイスショットが打てません。キチンとしたスウィングができているか否かは、ボールの飛び方で一目瞭然なので、これを使いこなすこと自体が上達につながると考えています。

上達のために敢《あ》えて難しいクラブを使うべきだという話をすると、「プロだって最近はキャビティを使っている。何故、我々がその真似《まね》をしてはいけないんだ？」という反論をされる方がいます。

しかし、**プロがキャビティを使うのと、我々アマチュアが易しいアイアンを使うのでは話が全く違う**ことを忘れてはいけません。

プロというのは、一日何時間もの練習を何年も積み重ねた上で、厳しい試験を通ったゴルフの猛者《もさ》の集まりです。その猛者たちの中で、同じような高いレベルの技量を持ったライバルと一打を競いあい、勝ち抜いていかなくてはいけないのがプロの世界です。

プロが道具にこだわるのは、このような厳しい環境の中で、少しでもライバルの上を行くためであって、未熟な腕を道具に補ってもらおうとしているわけではないのです。

我々アマチュアは、まだまだスウィングやフォームが完成されていないので、まずは基本をしっかりと固めるためにも、難しいクラブにチャレンジし、それを使いこなせるようにすべきなのです。

ミスを許してくれない難しいクラブを使うことに加えて、黒帯ゴルファーが使うべきなのは重いクラブだと思っています。

最近はシャフトの軽量化が進んで、若くて体力のある人でもカーボンシャフトを使う人が多いようですが、私は**自分の体力で振れる最も重いクラブを使うべき**だと考えています。

理由は2つあって、第一に、若いうちにある程度の重さのクラブを振っておかないと、年をとって体力が落ちたときに振れるクラブがなくなってしまうことです。

もう一つの理由は、重いクラブを使うことによって力を入れないスウィングが身につくことです。実際、正しいスウィングでは、トップからはヘッドを自然落下させる感じで、位置エネルギーを運動エネルギーに変えるだけで、筋力は一つも使わないものです。

逆に、力を入れるとあらゆるミスショットにつながるのは、皆さんもご存知の通りです。この**力を入れないスウィングを身につけるために一番いいのが、重いクラブを使うこと**なのです。

このように重いクラブを使うことは、ゴルフを長く続ける上でも、腕前を上げる上でも有効なので、是非皆さんにもトライしてもらいたいと思います。

定理6

信頼できるドライバーを、思いっきり振り切る

先ほど、「道具に頼るようではダメだ」という話をしたばかりなので、矛盾しているように聞こえるかもしれませんが、**ドライバーに関してはとにかく飛ばせる一本を見つけるべき**だと考えています。

理由は、ドライバーが飛んだ方が、ゴルフでは圧倒的に有利だからです。

例えば、420ヤードのミドルコースに来たとします。ここで確実にパーオンするには、最低250~260ヤードのティーショットが必要になります。

まぁ、こういう距離の長いミドルホールは初めからパーを狙わず、ボギーを取りにいくというのも考え方としてはあると思うのですが、なんと言っても私はゴルフ道の黒帯を締めることを目指しているので、最終的にはこういう長いところでもパーオン

を狙っていきたいのです。

もちろん、250〜260ヤードのドライバーショットを打つためには、しっかりしたスウィングやそれを支える体作りも重要なのは百も承知です。しかし、それらと同じくらい、**自分にあった飛ばせるドライバーを見つけることは重要**だと思います。

実は私の知り合いのシゲト君、年間10本ドライバーを買い換えると豪語しているんですが、彼が最近手に入れたドライバーがメチャクチャ飛ぶのです。「このおっさん、いつの間にこんななん飛ばすようになったんやろ」と思って訊いてみたら、思いっきり見せびらかされてしまいました。いわゆる地ドライバーというやつで、あまりメジャーなブランドのものではないのですが、これが飛ぶ！　270〜280ヤードは軽く飛んでいたように思います。

さすが年間10本もドライバーを取り換えるだけあって、クラブを選ぶ目は肥えているようです。

ゴルフとは自分で使う道具を選べる競技なので、自分の武器として優れたドライバーを手に入れるのは、黒帯ゴルファーとして必須なのではないかとすら最近思い始めています。

実際、そういう目でニューモデルを見てみると、各社新しい材質や形状の商品を出していて、その進化の度合いには驚かされることしきりです。このように、ギアはどんどん進化しているので、いいドライバーがあったら積極的に取り入れるべきではないかと思います。

もちろん、飛ぶドライバーはシャフトが長くできているものが多くて、難しい側面もあるので、こういうクラブに手を出すには、自分の腕前と相談する必要があります。まだ、ゴルフを始めて間もなくて、スライスに悩んでいるような段階で、こういう難しいドライバーに手を出すのは自殺行為です。飛ぶ分だけ、曲がりも大きくなって、OB連発になってしまうのが目に見えています。

一方、少し上達して、**コンスタントにまっすぐ220ヤードくらい飛ばせる**ようになったら、飛ぶドライバーにチャレンジしても大丈夫ではないかと思います。

クラブ選びのポイントですが、これは何よりも自分にあったものを選ぶことが重要です。さっきのシゲト君みたいに、年間10本もとっかえひっかえドライバーを買い換えるのは誰にでもできることではありません。

ただ、最近は各メーカーが試打用クラブを貸し出してくれたり、ゴルフショップでも試打ができたり、買う前に試せる環境が大分整ってきているので、それらを利用して慎重に「俺の一本」を選ぶべきだと思います。

「このクラブは飛ぶ！」「このクラブだったら心中できる！」

そんな、侍の刀のように全幅の信頼がおけるドライバーを見つけて初めて、迷いのない、目一杯のスウィングができるのだと思います。

実は、私自身、以前は方向性を重視して、ドライバーを軽く打っていた時期があったのですが、それだとやはり距離がでません。大体自分と同じくらいの腕前のメンバーと一緒に回ると、ティーショットで10ヤードずつくらいおいていかれてしまっていたのです。しかも、ちょっと調子が悪いと飛ばない上に曲がったりもしていました。

そこで一度、開き直り、**クラブを目一杯長く持って、思いっきり振り切ってみたと**

ころ、これが気持ちいいくらいにまっすぐ飛んでいったのです。

以来、「ドライバーは振り切るに限る」というのが、ドライバーショットに関する私の金科玉条です。ただし、マン振りではないので、誤解なきように。

思いっきり振り切るためにも、信頼できる一本が不可欠なのです。

定理 7

1～2年間は、一日中ゴルフのことだけ考えた

本章の前半で、私自身のとりあえずの目標を「シングルになること」と、「所属クラブのクラチャンを獲得すること」だとお伝えしました。今私のベストスコアはまだ89です。ですので、聞く人によっては「何を無茶なことを考えているんだ」と一笑に付されてしまうかもしれませんが、本人はいたって真面目です。

さて、ゴルフをされている皆さんはどんな目標をお持ちでしょうか？

えっ、目標なんかない!?　楽しく回って、その日のスコアが良ければ、それで十分ですって？

まぁ、そういう考え方も否定はしませんが、正直、そうやって**目標を持たないゴルフをやっていると、20年経っても100も切れないパターン**に陥ってしまっても仕方

がないと、覚悟しておかなくてはいけません。

実は、先日、山形のある高校で目標設定の大切さについて話をしてきました。人生目標を持たないと、人間は頑張ることができない。目標があるからこそ頑張れるのが人間だという話です。

例えばオリンピックで金メダルを取るとか、何らかの目標があれば多少辛くても、毎日200回の腕立て伏せも頑張ろうと思えるけれど、体育の先生から「お前、今日は腕立て200回やれ！」って言われたって、やる気になんかなれません。

ところが、3年でシングルになるとか、今年は100を切るとか、**何らかの目標があれば、どういう取り組み方をすればいいかを考える**ようになります。

例えば、今日のスコアが105だったとします。「あと6打少なかったら90台だったのに、OB3発打ってしまったのがいけなかった」と原因が分かったとします。じゃあ、何故OBになってしまったのか？　ドライバーショットが曲がったのがいけない。じゃあ、何故ドライバーショットが右に行ったのか？　何でだろう？　それをなくすにはどうすればいいのか。

こうやって、だんだん原因を解明していって、小さなことにまで落とし込んでいって、そこを直すようにする。

「プロはどうするんだろう」。こういう問題意識を持ってプロのスウィングを見たり、クラブの持ち方にも注目してみる。クラブを短く持ったり、もっとゆっくり振ってみたり、いくつかの中から自分にあうものを見つけて繰り返し練習する。こうやってだんだんと上手くなるのがゴルフです。

しかし、このようにミスの原因を追究すること自体、目標を持たない人にはなかなかできないのではないかと思います。

繰り返しますが、目標がないと頑張れないのが人間なのです。私は、**家では素振りをやっていますが、もし目標がなかったら素振りなんてできない**でしょう。つまんないですもの、素振りなんて。

でも、目標があるので、素振りもするしバッティング練習も苦になりません。

普通のビジネスマンは仕事では多少なりとも目標を持って、それに向かってステップを踏み、結果を反芻《はんすう》するなど、いわゆるPDCAサイクルを回していると思います。しかし、ことゴルフになると途端に、何も考えないおっさんになってしまい、日曜日に高い料金を払って運動しに行くだけみたいになってしまうのです。何でこうなるのか、私には正直不思議に思えてなりません。

ゴルフは、やり始めの頃が一番面白いと思います。ですから、この時期にキチンと目標を立てて、一定期間、集中してやることがゴルフの上達のためには非常に重要だと思います。だらだらやっていると目標も何もなくなってしまって、結局20年経っても100を切れないなんてことになりがちです。一念発起して、**一日中ゴルフのことを考えているくらい集中して取り組む期間が1～2年ないと、シングルとか上級者にはなれない**と思います。

レジャー感覚でゴルフをしたければ、それでもいいとは思います。ただ、それならスコアを気にしてはダメです。上手くなりたければ自分なりの努力をしなきゃ無理！　そのためにも、自分なりの目標を持つことが必要なのです。

定理
8

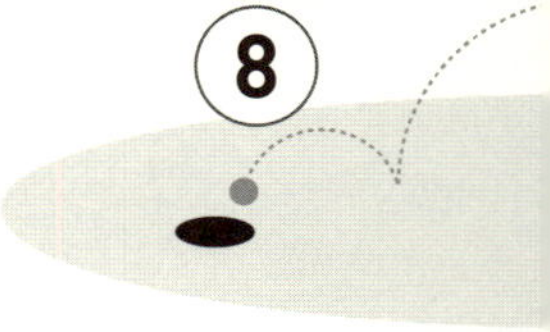

ミスショットの原因は、必ず分析整理する

ゴルフを始めて1年で100を切る。5年でクラチャンを獲《と》る。などなど、私が本章の中でも披露してきた目標は、聞く人によっては「何を寝言を言っているんだ」と反感を覚える人もいるかもしれません。

しかし、**1年で100を切ることや、5年でクラチャンを獲る**ことが物理の法則に反するものでなければ、その可能性はゼロではありません。

「だったら、いっちょやったろーじゃないか！」というのが、ポジティブな考え方というものです。

最初から諦めて努力をしない人と、可能性があると信じて努力を重ねる人。どちらがゴルフが上達するか、考えてみるまでもありません。

それと、目標を立てて未来を予測することで、この目標を5年で達成するには、今何をするべきなのかを考えるようになります。

遠くの、大きな目標に対して、まずは身近なプチ目標を立てる。それらをクリアしつつ、小さな成功を重ねながら大目標を達成するのです。

そのためには、**自分は何ができて、何ができていないのかを客観的に見つめる**ことが必要です。

よくラウンド後の反省会で、タラレバを繰り返す人がいます。「あのOBがなかったら今日は90切れとった」とか。しかし、そういうタラレバは誰もが思っていることで、聞かされた人も「そんなら俺かてそうやで」と思うだけで、何の意味もありません。

こういうタラレバは飲み会のネタにするのではなく、そのとき、何故池に入ったのか？　番手を間違えたのか？　風を読んでいなかったのか？　など、理由をキチンと分析することが重要です。

ただ単に「あれやったら」とか「これやったら」とか「あそこで3ウッド持たへんかったら」とか言っているだけではなく、いい記憶・悪い記憶を必ず整理しておく。悪い記憶は、飲み会で笑うネタにするだけではなく、練習場に持ち帰ってキチンと克服する。これを繰り返すことによってしか、スコアが良くなる術《すべ》は存在しないのです。

どうも私の周りを見る限り、タラレバを言う人は多いのですが、失敗の原因を分析して、次回以降のラウンドに活《い》かしている人は少ないように感じるのですが、皆さんの周りではどうでしょうか？

ポジティブ思考で、高い目標を持っていると、こういう一見面倒くさい努力も苦もなくできます。反対に、どうせ一生懸命やったところでたいして上手くなれないなんて思ってしまったら、一生上手くなれません。

つまり、**ポジティブ思考で高い目標を持つことは、上達には欠かすことのできないもの**なのです。

第２章

上手な人ほど
シンプルに打つ

定理9

レッスンプロとレッスン書、どちらが有効？

私のやっている研究は、世界中の研究者とどちらが早く目標に到達するかを競う競走のようなものです。そのため、如何に効率的に目標に達するかを考えるのが習い性のように体に染み込んでいます。

そんな私が考える、素人がゴルフを始めて、**最も効率的に上達するための方法は、優秀なティーチングプロに毎日習うこと**です。これは、おそらく間違いなく正解だと思います。

しかしこの方法は実行するのは簡単ではなく、誰にでもできるものではありません。事実、私自身もこの方法は取りませんでした。もちろん、時間的な問題も経済的な理由もありましたが、プロに習わなかった理由は他にも2つありました。

まず、第一に私は山形県の米沢市に暮らしているのですが、米沢のような地方都市だと、自分にあうティーチングプロを探すのが一苦労です。

とりあえず、ティーチングプロは、ゴルフ練習場にいるにはいますが、そこにいるプロが自分のスタイルにあうかというと、非常に微妙です。

更に言うと、**ティーチングプロにも教え方が上手い人も、下手な人もいる**と思います。もし不幸にも下手な人に当たったら、上達は遅いし、イライラさせられるばかりで、それこそお金の無駄です。

それぞれのティーチングプロがどんな教え方をしてくれるのかは、実際にレッスンをお願いしてみなくては分かりません。要は、教わる方からすればギャンブルのようなものなのです。これでは、あまりにリスクが高すぎるので、私はティーチングプロに教わることはしませんでした。

と、もっともらしい理由を1番目に挙げましたが、実は2番目の理由の方が私にとっては重要でした。これも私が研究者であることに関係していて、実は、私は人から何かを教えてもらうのが嫌いなのです。

もっと正確に言うと、すっごく嫌いなんです。自分でやりたいんです。

この、**人に何かを教わるのが嫌い**というのは、私に限らず研究者に共通の資質ではないかと考えています。

そもそも、研究というのは、自分でテーマを考え、目標設定をし、目標を達成するための道筋を自分で考えて進んでいくものです。

学生のうちは指導教官なり他の人からテーマをもらうのも許されますが、一人前の研究者は自分でテーマを考えて、自分で実験方法も考えるのが当たり前です。そうやって自分の力で頂上に登るから、満足度も高いのです。

ゴルフをやるにしても同じことで、人から「これやったら、ええんちゃうか」「この道具があるから使ってみたら」と言われて、その通りにやって、仮に結果が上手くいったとしても、全然満足できない。これが研究者の性《さが》なのです。

そんなわけで、私はゴルフに関しては、ほぼ独学でやってきています。

とはいえ、全くの初心者のときには、それこそクラブをどう握ったらいいのかも分からないわけですから、本やＤＶＤは参考にしました。

まず初めは、「ゴルフ入門」的な本から始めて、今ではゴルフ関係の本やＤＶＤが本棚に数え切れないくらい並んでいます。

しかし、その中で本当に参考になったのは、ほんの一部です。ゴルフレッスンを商売にしている人たちは、それこそ手を替え品を替え、いろいろなものを出してきますが、惑わされてはいけないのです。

結局、自分にあったいい参考書を手に入れて、浮気をしないことが、初心者が短期間で上達するのに重要だというのが私の経験則です。

受験勉強でもあれやこれや参考書や問題集をとっかえひっかえするよりも、一冊を完璧にマスターした方が、成績が伸びるのと同じで、ゴルフでも自分にあったものを選んで、じっくり自分のものにしていく方が、実力は上がります。その意味では、**本やＤＶＤは自分にあうものを二、三揃《そろ》えれば、初心者のうちは十分**だと思います。

定理10

ビューティフルスウィングを韓国プロに学べ！

ゴルフを始めたばかりだと、入門書に書いてあることですら今一つピンとこないこともあると思います。実際私自身も超初心者の頃、同じ思いを抱いていました。そこで、私がやったのがレッスンのＤＶＤを見ることでした。実際に打っている映像を見た方が、活字で読むより分かりやすいし、実践的だからです。

ＤＶＤの他にも、**上手い人が打っているところを、生で観察するのもいい**と思います。見ているだけで、リズムとか雰囲気まで伝わってきて、どこでギュッと力を入れているのか、そんなところまで分かるので、大変勉強になると思います。

練習場で上手い人や飛ばす人を見つけたら、じっくり観察しているといろいろなことが分かります。例えば、そんなに大きな体でもないのにやたらと飛ばす人がいたとします。

「小さい体で、何でこんなに飛ばせるんだ、このおっさん？」。そんな風に思ったら、しばらく自分は打つのをやめて、その人のスウィングを観察するのです。すると、リズム感とか体のねじり上げ方とか、手で強く打っているのではなく力を体に溜《た》め込んで振り抜いて打って飛ばしているといったことが分かってきます。

反対に、あまり飛ばない人を見て、「何でだろう？」と観察すると、さっきの飛ばす人との違いが明らかになってくる。さぁ、そこで、「自分はどうだろう」と考える癖をつけると、徐々に飛ばすスウィングのコツのようなものが見えてきます。

ただ残念なことに、私のように地方都市に住んでいると、周りに参考にできるような人が少ないので、練習場などでは見て学ぶ機会にあまり恵まれません。

そこで、重宝しているのがプロのトーナメントのライブ中継です。中でも、**ケーブルＴＶなどでやっているライブ版が、見て学ぶ教材として最適**です。ダイジェスト版では、打った瞬間とかナイスショットの瞬間しか映しませんが、ライブ中継だとダフったり、池ポチャする瞬間も見ることができます。選手ごとに打つまでのルーティンが違っているのも、全部見ることができるので、アマチュアの我々には参考になることがたくさんあります。

ライブ中継を見るときは、試合の展開を見るのではなくて、トップの位置や切り返しのタイミングとか、何か一、二点のテーマを決めて、今、自分が課題にしているところに注目してみることが重要です。

プロのトーナメントのライブ中継を見るのは勉強になるので、皆さんにもお勧めですが、中でも、お勧めなのが女子プロの試合です。男子プロは我々とはレベルが違いすぎますが、**女子プロは、飛距離が男性のアマチュアゴルファーと大きな差がないので、参考にしやすい**ように思います。

このように私は何百人ものプロの選手のスウィングを見ているのですが、常々、韓国選手のスウィングの美しさに感心させられています。

日本の男子プロは、結構個性的なスウィングをする選手が多いのですが、韓国のプロは男女を問わず、綺麗《きれい》なスウィングをする選手が多いと思います。彼らは多分、小さいときからゴルファーの養成所みたいなところで、徹底的に仕込まれているのではないかと想像しているのですが、本当に美しいスウィングをします。

ゴルフに限らず何のスポーツでも言えることですが、超一流選手のフォームは見ていて非常に綺麗に映ります。おそらく、**動きに無駄がない**からだと思うのですが、その意味でも、韓国選手の美しいフォームは我々も大いに見習うべきだと感じています。

体重移動を考えない シンプルなスウィング

定理 11

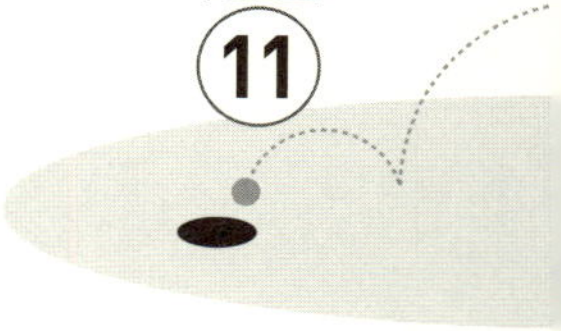

「ゴルフのスウィングは、シンプルにするに限る」というのが、私の持論です。

というのも、**テイクバックからフィニッシュまで、ゴルフのスウィングというのはほんの数秒間で完結**します。その間に、やれ「バックスウィングでは右に体重を乗せろ」だ、「インサイドアウトに振れ」だ、そんないろいろな動きは、頭では理解ができても、体がついていかないからです。

もちろんゴルフを始めたての頃は、いろいろな本や雑誌に書かれているように、体重移動も試したことがあります。右から左に行って、こっからビャーンとか。他にも、とにかく見たもの聞いたもの、全てやってみようと思って、いろいろやっていました。

そんな頃、ある人に勧められて鶴見功樹プロのレッスンDVDを買って見たら、「体重移動なんかしなくていい」と言っているではありませんか!?

びっくりして、目を凝らし続きを見てみると、人間の体重はバックスウィングをすると、自然に右に移動するから、自分で意識する必要はないということを言っています。

実際自分でも試してみると、肩が90度、腰が45度右に向くと、右足の股関節に体重は乗るのです。意識して「よいしょ!」っと、体重を乗せる必要は全くありません。

次に、インパクトの後、フィニッシュに向けて、肩と腰を左に回していくと、今度は体重が自然に左足に移動します。

つまり**意識して右から左に体重を移動させなくても、自然に体重移動はする**のです。

目からウロコが落ちました。

スウィングの最中に考えなければいけないことは、ヘッドアップしないようにとか、他にも重要なことがいっぱいあります。体重移動のことなんか考えていたら、他がおろそかになってミスショットがでやすくなるのは当たり前なのです。

「体重移動は自然に起こる」と考えた方が、シンプルで分かりやすい。しかも理にかなっている。このことに気づいてからは、「ゴルフのスウィングは、シンプルにするに限る」という考えを信奉するようになって、以後ぶれていません。

実際、この鶴見功樹プロのレッスンDVDを、自分のゴルフスウィングの教科書と決めてから、スウィングに関しては他のものは一切見なくなりました。鶴見功樹プロは、イギリスに行ってコーチングのディプロマをもらった唯一の日本人らしいのですが、多分イギリスでは体重移動なんて全く教えないのではないかと思います。

そういう目で、ローリー・マキロイなど他のトッププロのスウィングを見てみると、確かにあんまり大きな体重移動はしていません。他のプロも、最近活躍している選手は、あんまり大きな体重移動はしていないようなので、この**体重移動を意識しない打ち方は、実は欧米のプロの間ではすでに常識**なのかもしれません。

もちろん体重移動を意識する・しないは、スウィングの一要素でしかありません。他にも、スタンス、グリップ、いろいろ気にしなくてはいけない点があります。それらもシンプルにすると、後々苦労が少ないことを、最近実感しているところです。

定理12 グリップはやはりスクエアに限る

シンプルスウィングの話がでたので、グリップについても触れておきましょう。

シンプルグリップというと、まずスクエアグリップが思い浮かぶと思います。私も、スクエアが基本だと思いますし、私のようにゆくゆくは**シングルプレイヤーを目指すのだったら、グリップはスクエアにすべき**だと思っています。

実は、私の同僚にイチロー君という准教授がいて、家がすぐ近くなので、よく一緒にゴルフに出かけます。

彼は、私より5歳くらい若いのですが、研究者になる前にサラリーマンをやっていて、結構ゴルフ歴が長く、もう20年くらいのキャリアがあるのです。ただ、途中にブランクがあったりして、スコアはゴルフを始めてまだ2年の私とどっこいどっこいのレベルです。

そのイチロー君は昔からの癖らしく、フックグリップで握っているのですが、やたらとチーピンを打つのです。すぐ力んで、ピューンと左に。

彼のゴルフを見ていると、つくづく「やはりグリップはスクエアに限る」という思いを強くします。

というのも、最終的にシングル、そしてスクラッチプレイヤーになろうと思えば、常にパーオンを狙うゴルフをする必要に迫られます。それこそ、第1打がどこに行こうが、グリーンを狙わなくてはいけなくなると思います。

そうすると、**フェードやドローの打ち分けが必要になる場面**が必ず訪れます。ところが、フックグリップでフェードを打つには、かなり無理をしないといけません。無理をすればするほど、ショットの精度が落ちるのは自明です。下手をすればパーオンどころの騒ぎじゃなくなってしまう危険すらあります。

そんなことを考えると、やはりグリップはスクエアで握るのが一番理にかなっていると思うのです。

また、スクエアに握っているからこそ、アマチュアゴルフ界の至宝と呼ばれた中部銀次郎さんや、ゆるゆるグリップで有名で、かつ私の心の師匠であるティーチングプロの高松志門さんの言っている、頭の中でイメージしただけで、フェードやドローを打ち分けるという魔法のようなことも可能になるのではないかと思うのです。

この頭の中でイメージしただけで球筋の打ち分けができる人は、スウィングの軌道を考えたり、手の動きを意識しなくても、**打ちたいボールをイメージするだけで、体がそういう球を打つように自然と動く**と言います。ただ、その場合も、グリップがスクエアでなくては思う球筋にはならないと思うのです。

実はこのイメージしただけで球筋を打ち分けるスウィングは、私が理想としているスウィングの一つなのですが、これを身につけるためにもグリップはスクエアでなくてはいけないのです。

というわけで、私としてはスクエアグリップがお勧めで、先ほど紹介したイチロー君にも、「そんなフックグリップでやったら90切れるか切れへんかで人生終わるぞ。

それでもええんか?」「本当に上手くなりたければ、グリップから変えろ」みたいなことを盛んに言っているのです。

ただ、グリップはクラブと腕をつなぐ接点なので、変えるとなるとかなりの期間、違和感と戦わなくてはいけなくなるかもしれません。場合によっては、しばらくスコアも伸び悩むかもしれません。

ですので、シングルとか高い目標を狙うのではなく、今のままでゴルフが十分楽しいと思うなら、それはそれでいいのではないかと最近思い始めました。

こういう割り切りをするのも、**ゴルフをシンプルに考える**ってことなのではないでしょうか?

定理 13

タイガーも遼君も取り入れた、左一軸打法に挑戦！

実は、数ヶ月前から、更なるシンプルスウィングを求めて、左一軸打法を研究中です。

左一軸打法というのは、体重移動は一切せずに、**左足に体重を乗せたまま、左股関節を軸にするスウィング**です。

ゴルフ雑誌をよく読んでいる方ならご存知だと思いますが、タイガー・ウッズがスウィング改造で取り入れたのが、この左一軸打法です。タイガーが取り入れたことで、俄《にわか》に話題になり、石川遼選手はじめトッププロがこぞってトライしている最新の打法と言っていいと思います。

正直、この打法は長年ゴルフをやっている上級者の間では、かなり不評です。彼らの多くが、「体重移動をしないと飛ばない」と言うのですが、私の実感では距離に関してはは従来のスウィングとほとんど変わりません。

というのも、ゴルフの場合、飛距離を左右するのはヘッドスピードだからです。確かに、体が移動する分のスピードがヘッドにプラスされ、ヘッドスピードが速くなるイメージがありますが、体重移動の速度なんてたかが知れています。そのため、実際にはほとんど影響がありません。

ヘッドスピードを上げるには、**左肘を支点にして、ヘッドを走らせる動作がキチンとできているか**どうかが重要なので、左一軸であろうが体重移動をさせようが、関係ないのです。

ですので、私に言わせれば、左一軸と体重移動を比べて、左一軸打法が飛ばないという理論は成り立たないのです。

街角の上級者たちの左一軸打法に関する小言に耳を傾けると、「記事を見て、練習場でトライしてみたけれど、全然ちゃんと打てない。だからダメ」みたいに言う人がほとんどです。

でもよく考えてもらいたいのです。あのタイガー・ウッズですら2年かけてようやくフォーム改造したものを、そのへんのおっさんが1日でできると考える方が間違いなのです。

私は、もともとは体重移動を意識しないスウィングでしたが、頭で意識していないだけで、実際は体重移動しながら打っていたので、左一軸打法に初めてトライしたときは、街角のおっさんたちと同様にすごい違和感を覚えました。

おそらく、ゴルフを20年もやっている人には、この違和感が耐えられないのではないかと思います。上級者であればあるほど、今のスウィングを捨てて、この**違和感たっぷりのスウィングをものにしよう**と考える人は少ないのではないかと思います。

しかし、私の場合、「タイガー・ウッズですらやってるんだから、これが最新に違いない。これをマスターしたらそのへんの街角の上級者になんか3日で勝てる」と信じて続けています。

この信じ込みが実は重要で、これまた研究に通じるものがあります。

同じ分野で研究をしていても、研究者によって理論は様々です。自分の理論より他の人の理論の方が正しいことも少なくありません。

「でも、俺はこれを信じる。自分の理論を通す」という心持ちが研究者には重要で、「自分が正しいんだよ」と信じ込んでいるからこそ、長く厳しい道のりを乗り切って研究成果を挙げることができるのです。

ゴルフでも、**自分が今からやろうとしていることを、まずは信じないとダメだ**と思います。心の底から信じていないから、一、二度やって上手くいかないと「やっぱりダメだ」と早々に諦めてしまうのではないでしょうか。

でも、信じていたら、失敗しても１００回でも挑戦し続けられます。

ゴルフでも研究でも、「信じる者は救われる」のだと、私は信じます。

定理
14

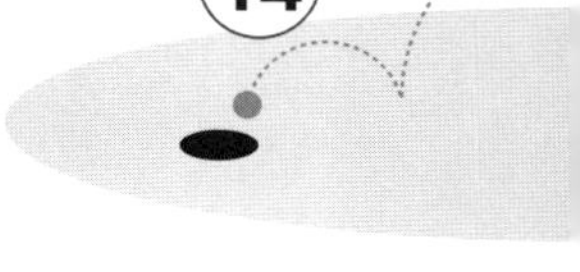

120切れたら、思いきってコンペに出よう

同じ大学の同僚で、准教授のイチロー君という男がいることはすでにご紹介しました。彼とは、家も近所なので家族ぐるみでも一緒によくゴルフに出かけます。

彼はもともと私より年齢も若いし、ゴルフ歴も長いので、私がゴルフを始めたばかりの頃はなかなかスコアでは追いつけなかったのですが、最近はほぼ互角。コースに行くたびに「勝った・負けた」を競ういいライバルになっています。

近くにそういう**自分よりちょっと上手い人がいる**のは、「こいつをいつか抜いてやる」みたいな闘争心が湧きやすいので、ゴルフを上達させる環境としては非常にいいと思います。

第1章でもお話ししたように、人間というのは目標がなくては努力できない動物ですが、ライバルがいればそいつに勝つことがいい目標になるので、こういう人間が身近にいるのはとってもいいことだと思っています。

更に私は、地元にいる自分より大分腕前が上の、元シングルプレイヤーの皆さんにも、「今度回るときは、俺勝ちますから」と挑戦状を叩《たた》きつけていたりもしています。

私たち研究者というのは考え方がポジティブで、今その時点ではできなくても、いつかは可能だと考えています。そのときの反省点をキチっと見直して次に挑めば、負けるはずがないじゃないか、と。このように思考が常に前向きなので、先ほどの元シングルプレイヤーの皆さんに対しても、「今はまだ敵《かな》わないけれど、そのうちすぐに抜かせる」と思ったりするのです。

まぁ、言い方を間違えると人間関係にヒビが入ったりもしかねないので、面と向かって挑戦状を叩きつけるのは、あまりお勧めはしませんが、**自分より上手い人を負かすのを目標にする**のは、上達のためのインセンティブとしてはいいと思います。

私からの挑戦状を受けた皆さんの場合、「最近、城戸が上手くなってきて……」と刺激を受けて、シングルだった頃のように真剣にゴルフに取り組む人も増えてきました。その結果、近頃、米沢のゴルフレベルがぐんぐん上がるという好循環が生まれていたりもします。いや、多分しているはずです（笑）。

ライバルを見つけるという意味では、コンペにでるのもいいと思います。それまで**回ったことのない人とのプレイは学ぶことも多い**ですし、いろいろな刺激を受けるので、単純に面白いです。

特にゴルフは体力勝負ではないので、80歳を越えるような高齢の人やデブのおっさんにも負けてしまったりすることがあります。

私は基本負けず嫌いなので、それがメッチャ悔しいのです。そしてその悔しさをバネにして、「来年のコンペではこのおっさんには負けへん」と新たな目標に向けて研《けん》鑽《さん》を積むことができるのです。

いつもいつも仲間内だけでなあなあのプレイをしていたら、誰かに負けても悔しさに慣れてしまって、なかなか自分を高めるモチベーションが生まれません。悔しい思いをするためにも、コンペにはどんどん参加するべきだと思います。

ただし、あまりにもスコアが悪いうちから参加してしまうと、**一緒に回っている人に迷惑がかかってしまう**ので、ある程度上達してから参加するようにした方がいいと思います。

目安は、グロスで120くらいでしょうか。それ以上打ってしまうようでしたら、もう少し練習が必要だと思います。

定理15

ホームコースは少し難しい方がよい

バブルの頃は高嶺《たかね》の花だったゴルフ会員権も、長引くデフレの影響で随分と身近になりました。私もゴルフを始めて半年ほどした頃、地元山形にある蔵王カントリークラブの会員権を購入し、メンバーになりました。

最近はどこのゴルフ場もビジターの集客に力を入れていて、以前に比べると会員権を持っていなくてもプレイできるコースが増えているので、会員権を買うことには賛否両論あろうかと思います。

しかし、私は本格的にゴルフに取り組むのなら、**会員権を購入し、ホームコースを持つべきだ**と考えています。

理由はホームコースを持つことにより、自分の上達の度合いがはっきりすることにあります。

例えば、**ドライバーでのティーショットが、以前はここまでしか飛ばなかったけど、今日はここまで飛んだ**とか、飛距離の伸びが一目瞭然になったり、今までバーディーを取ったことのなかったホールでバーディーが取れたりとか、何度も回るホームコースがあれば、自分の上達具合が目に見えて分かります。

このように、上手くなっている実感が得られれば単純に嬉《うれ》しいですし、更に研鑽を積む励みにもなります。

「上達の度合いはスコアを管理しておけば分かるではないか」という意見もあろうかとは思います。しかし、ゴルフのスコアというのは、自分自身の腕だけでなく、プレイした日のコンディションなど、様々な要因により左右されます。

コースの難易度は様々な要因の中でも、最もスコアの良し悪《あ》しに影響を与える要素です。簡単なコースでばかりプレイしていれば、平均スコアは良くなるかもしれませんが、それでは自分が上手くなったのかどうか、本当のところは分からないのです。

上達度合いは、やはり自分のホームコースを決め、そこでのプレイぶりやスコアの変化を見極めなくては分かりません。もちろん、同じコースでも天候等は日によって異なるので、全く同じ条件での比較はできませんが、それでも他コースでのスコアよりは、よほどあてになるのではないでしょうか。

以上のように、私は経済的な余裕があればホームコースを持つべき派なのですが、どこのコースでもいいというわけではなく、できればプレイすればするほどゴルフの腕前が上がるコースを選ぶのがいいと思います。

その意味では、私がホームコースに選んだ蔵王カントリークラブは、我ながらいい選択だったと思っています（手前味噌《みそ》になってしまって、すみません）。

このコースは、**アウトが山岳コースなのですが、インは林間コース**になっていて、趣が全く異なります。そのため、一打一打シチュエーションが全然違うので、すごくいい練習になります。

打ち上げ、打ち下ろし、左足上がり、左足下がり、爪先上がり、爪先下がりと、全てのシチュエーションがあると言ってもいいほど、バリエーションに富んでいます。

それ故「こんな傾斜のところどうやって立つねん」と思うような、えげつないところもあるので、プレイするたびに鍛えられます。

グリーンも砲台になっていたり、受けていないグリーンもあったり。芝も高麗芝《こうらい》でメチャクチャ曲がりますし、逆目の上りとかだと、「お前、何ブレーキかけてんのや」と思わず言いたくなるくらい、ボールがキュキュキュキュって止まるときがあるほどで、全く一筋縄ではいきません。

とにかく、このコースで練習しているおかげで、他のコースに行くと「ここ簡単」と思うことばかりです。

難しいコースならいいのかというと、必ずしもそうではありません。難易度の高いコースの中には、狭くて、それこそドライバーが満足に振れないコースもありますが、そういうコースは、そもそもプレイしていても面白くありません。

やはり**気持ちよく振れるホールと慎重にならなくてはいけないホール**の両方がある、バランスの取れているコースが理想なのではないでしょうか。

なかなかそういうコースは、少ないかもしれませんが……。

第３章

コースでよく効く
城戸式練習法

アプローチは、下手投げでボールを放るイメージ

定理
16

練習もしていないことをいきなりコースで試すのは、自殺行為です。スウィングを直したり、新しいことに挑戦したりするには練習場通いは欠かせません。

私も時間が許す限り、練習場に通っていますが、そこでよく見かけるのが、**やたらとドライバーを振り回している人たち**です。しかも、親の敵でも討つかのように、渾《こん》身《しん》の力をこめてブンブン振り回している人が多いのですが、これってどうなんでしょう?

確かに、思いっきりドライバーを振っていれば筋肉が鍛えられるかもしれませんし、ボールをぶっ飛ばせればストレスの解消になるかもしれません。

しかし、ゴルフの練習場はジムでもバッティングセンターでもありません。ああい

う人たちの姿を見ると、何か勘違いをしているのではないかと思わざるをえないのです。

とはいうものの、実は、私もゴルフを始めたばかりの頃は、ドライバーショットを一番多く練習していた時期がありました。一度、練習に行くと１００球くらいはドライバーで打っていました。

しかし、ドライバーで１００球も打てば、当然ですが、クタクタに疲れます。そんな疲れ切った体で、アイアンを打っても全然当たりません。これでは練習になりません。

最近では、一番打ちやすいクラブから練習するのが効果的だと気がつき、ショートアイアンから始めて徐々に長いクラブを打ち、**ドライバーは打ってもせいぜい20球ぐらい**に抑えています。

練習場で効果的な練習をするためには、テーマを持つことが重要だと思います。特に、自分の欠点を直すことに重点をおいた練習をするべきでしょう。

もちろんまっすぐ正確に狙ったところに落とせるような練習もしますが、私が意識してやっているのがアプローチです。１００ヤード以内から確実にグリーンに乗せる練習は、スコアメイクに欠かせないからです。

ところが、練習場で見ていても、アプローチの練習をしている人はほとんど見かけません。時々、アプローチの練習をしている人を見かけると、しばらく観察するようにしているのですが、ほとんどが長いショットも上手な上級者です。

異論があるかもしれませんが、下手な人ほど、ドライバーを打ちたがるというのは、あながち間違いではないと思います。

アプローチでは、どんな練習が効果的かというと、**落としどころを決めて、そこにキチンと落とす**ことだと思います。

実は、一番初めに練習場に行ったときに、連れていってくれた人からランも含めて練習場の中に立っているフラッグに近づけるように狙って打てと教わったことがありました。しばらく素直に従っていましたが、コースに出るようになってこの練習法では意味がないのに気がつきました。

綺麗に芝が整備されたフェアウェイと違い、練習場のフラッグの周りには雑草が生えていて転がりなんか全く分からないのです。このことに気がついてからは、落としどころを決めてキャリーで落とす練習を、20ヤードから50ヤードまで、10ヤードずつ距離を変えてやっています。

そのとき、重要なのが**下手投げでボールを放るイメージを持つ**ことです。実際に、ボールを放ったときの軌跡を頭の中で描いて打つと、正確な距離感が出せるようになると思います。

おそらくプロは、ドライバーショットも弾道のイメージを描いて、その通りに打っているのだと思いますが、素人にはなかなか難しいと思います。そこで、まずは短いアプローチから、イメージ通りのショットが打てるように練習して、だんだん長いショットも打てるようにするのがいいと思います。

もし、ドライバーでもイメージ通りのショットが打てるようになったら、もうシングルも間近でしょう。

定理
17

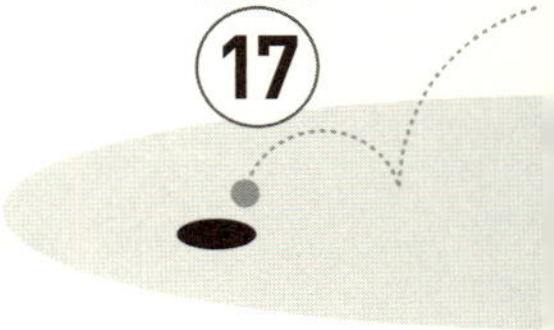

グリーン周りのアプローチが１００切りの鍵

１００ヤード以内のショットに加え、意外とおろそかにされがちなのが、グリーン周りのアプローチです。

経験のある人も少なくないと思いますが、苦労してグリーンの目前まで来たのに、トップしてボールはグリーン奥のＯＢゾーンへ！　こういう、グリーン周りでの失敗に一番心が傷つきます。

実際、**アプローチでオーバーして、グリーンを往復するのは１００を切れない人に多く見られる現象**です。グリーン周りのアプローチがスコアをまとめる鍵を握っていることに早く気がついて、こういう失敗をなくすように練習するのが、１００切りの最短コースだと思います。

私は田舎に暮らしていて、幸い家に庭があるので、短い距離のアプローチ練習は庭でやっています。

グリーン周りで重要なのは、落としたい場所にキチンとボールを落とすことなので、距離を変えてその練習をやっています。最大20ヤードくらいのアプローチの練習ができるので、これをやり始めてからグリーン周りの寄せに大分自信が持てるようになりました。

実は、P57で紹介した同僚のイチロー君の家が2軒隣なので、お互いの家の庭から庭へ50ヤードショットの練習をしようかと企《たくら》んだこともありました。が、さすがにミスショットをしてお隣の敷地内に打ち込んでしまうとマズいので、今のところまだ試していません。

冗談はさておき、アプローチ練習に話を戻しましょう。都会暮らしの人などは、自宅に練習する場所のない人も多いと思います。そういう方はスタートの1時間くらい前にゴルフ場に到着して、**ラウンドをする際にアプローチの練習**をしてからコースにでるようにするといいと思います。

ティーショットなどの長いショットでも同様ですが、ラウンドが始まる前に何球か打っておくだけで、ラウンド中の**アプローチショットに対する不安な気持ちが大分和らぐ**ので、お勧めしたいと思います。

定理
18

トップで左肘が曲がるから、スライスする

ゴルフを始めたばかりの頃は、スライスに悩まされる人が少なくないと思います。私自身も経験がありますが、スライスを克服しないことには、コースに出てもスコアがまとまりませんので、練習場で修正しておく必要があります。

スライスの原因というのはいくつかありますが、一番多く見られる原因は飛ばそうとして力が入りすぎていることではないかと思います。

練習場でも、ドライバーばかりを振り回し、やたらと距離を気にしている人がいますが、そういう人に限って力が入り、体が先に回って、振り遅れ、**フェイスが右を向いたままでインパクトを迎える**ので、ボールが右に行ってプッシュアウトしてしまっているように見受けられます。

次によく見られるのが、トップで左肘を曲げて打っているケース。左肘が曲がったままインパクトをすると、力が入りすぎているときと同じように、フェイスが右を向いたままでボールに当たるので、やはりボールは右に出ます。左肘を常に伸ばすのは、ゴルフスウィングの基本中の基本なのですが、意外とこれができていない人が多いように感じます。

時々、年配者や上級者でバックスウィングで肘を曲げながらも、上手に打っている人を見かけることがあります。彼らはたまたま長年のキャリアの中で、**肘を曲げつつもインパクトの瞬間に戻す動きを覚えている**のでちゃんと打てているのですが、初級者や中級者がこんなことを真似できるものではありません。

恐ろしいことに肘曲げ派の彼らは人にも平気で、「50歳を過ぎて、肩回らないんだから肘が曲がってもいいんだよ」てなことをアドバイスしてきたりするのです。いくら上手い人のアドバイスだからといって、こんなことをいちいち真に受けていたら、スウィングがグジャグジャになってしまうのは言うまでもありません。

ゴルフの場合、上手い人が必ずしも教え方が上手いわけではありません。ティーチングプロでもない人のアドバイスは百害あって一利なしなので、絶対に聞いてはいけないというのが、私自身が身をもって感じたゴルフ上達の鉄則です。

少し話が脇道へそれましたが、スライスがでるもう一つの原因が、体をねじらないで浅いトップで打とうとするケースです。

私の学生時代からの友人のマサヒロ君は、同じような時期にゴルフを始めたのですが、彼がまさに典型で、体をあんまり捻転させずに力で打とうとするのです。

スライスして右に行くのを怖がって、怖いから捻転しないようなのですが、その上で**力で打とうとするからスウィング軌道がアウトサイドインになって余計にスライスしてしまう**のです。

要は、スウィング自体がおかしいのがスライスの原因なので、これを克服するためには基本に戻ることが重要だと思います。

即ち、クラブをゆるく握って、左肘をまっすぐにして体をねじる。そのねじりを戻すように力を入れずにダウンスウィング。そのとき、キチンとヘッドの重みを感じながら砲丸投げのようにヘッドを走らせて振れば、体は絶対に先に行かないので、ボールをスクエアに捉えられます。最大のポイントはヘッドの重みを感じることで、ヘッドを感じれば感じるほど、ヘッドを無視して体だけが先に行くことはなくなります。

こういう基本を守り、怖がらずにちゃんと最後まで振り切れれば、ボールがとてつもなく変な方向に行くことはありません。

基本に忠実に、理想的なフォームとはどういうものかをしっかりと確認し、それをキチッと再現できるように練習することがスライス克服には重要なのです。

それでも、まだ右に行ってしまう人は、ベタ足で打ってみることをお勧めします。右踵《かかと》を地面につけた**ベタ足だと、体が先に行かないので、体の正面でボールをつかまえられます**から、ボールはまっすぐ飛びます。

韓国の女子プロの選手は、ベタ足で打つ選手が多いですが、正確なスウィングをする上で非常に理にかなっていると思います。

スライスに悩んでいる方は、是非、試してみてください。

体がキツくないと、頭は残せない

定理19

珍しく会心の一打がでて、ボールはフェアウェイのド真ん中！

もうここからなら、次の一打でグリーンに乗せてパーが取れる。あわよくば、ベタピンでバーディーも……うっしし！

と、こんなときに飛び出しがちなのが、皆さんお馴《な》染《じ》みのトップ君とダフリちゃんです。でてこんでもええのに、でてきちゃって……**せっかくパーが取れるチャンスを台無し**にしてくれるにっくきやつらです。

こんな苦い経験を何度も踏んでいる私ですから、当然、その原因を解明し、解決策を考えましたので、ご披露したいと思います。

まずトップですが、トップというのはボールの上を叩いているわけなので、要はクラブがボールの下半分に届いていないということです。では、何故届かないのか？

理由はいくつか考えられます。

まずは、インパクトの瞬間から直後に左肘が曲がってしまっていること。これをゴルフの世界ではチキンウィングと言って、トップがでる最大の原因と言われています。

左肘を伸ばすのはゴルフスウィングの基本中の基本で、皆さんバックスウィングでは意識しているはずなのですが、何故か曲がってしまう。つまり、頭で理解していても体が言うことを聞いてくれないので、なかなかトップが直らないのです。

その場合の解決法が、左の脇を軽く締めることです。レッスン書でも、左脇に何かをはさんでスウィングする方法がよく紹介されていますが、あれと同じです。力を入れずに左脇を軽く締める。そのまま、ゆっくりスウィングしてみてください。

あ〜ら不思議、左肘が伸びたままインパクトを迎えられたと思います。

まず、この**左脇を締めるスウィングをすることで、トップすることが大分減る**はずですので、是非試してみてください。

さて、もう一つトップする原因として考えられるのが、ヘッドアップして体の軸が左に行ってしまうことです。

これも**自分ではヘッドアップなんかするつもりもない**のに自然となってしまうので、直すのが厄介ですが、簡単な方法が一つあります。

それは、頭を残すことです。頭を残すというのは、ゴルフのレッスン書や雑誌にもよくでてくる言葉なので、お馴染みだと思いますが、どんな状態なのか、実は意外とピンときていない人も多いように思います。

頭だけで理解しようとするとちょっと分かりにくいため、簡単なエクササイズをご紹介しますので、実際にはどんな感じになるのか、ご自分の体で感じてみてください。

まず、クラブを持ってアドレスの形を取ってください。次に、右手を離してだらっとたらします。そして、クラブを持った左腕を飛球線方向左サイドに上げていき、クラブが地面と平行になるところまで上げます。

そのまま、頭をその位置で固定して動かさないようにして、しかも下を向いたまま、体だけをねじって右手を左手に合わせるようにして再度グリップを作ります。これが、頭が残っている状態です。

体は相当キツいはずですが、このときの腰や脚に感じる圧迫感や張りを体に覚えさせることが重要です。プロのスウィングの連続写真を見ても分かりますが、ゴルフのスウィングでは**フィニッシュ手前ではかなり無理な体勢になり、いろいろなところに張りを感じる**はずなのです。

このときの圧迫感とか、地面との距離感とかを覚えておき、トップがでたときのフォームをチェックすると、頭が残っていなかったのが原因だとすぐに分かると思います。是非、時々このエクササイズをやって、体に感覚を染み込ませておくといいと思います。

定理20

アドレスチェックとユルユルグリップで、ダフリを根絶！

次に、ダフリの直し方です。

意外と気がつかれていない人が多いと思いますが、実はダフリそうな人って、打つ前の構えを見ているだけで結構分かったりします。

何故かというと、**思いっきり右肩が下がっている**からです。ゴルファーは誰しも、自分もプロのようなアドレスをしていると思い込んでいて、右肩が下がっていることなど想像したこともない人が多いのですが、観察してみると右肩が下がっている人は驚くほどたくさんいます。

これが、自分の姿を見ることができないゴルフの難しさです。

もし、ダフリで悩んでいるのでしたら、まずは鏡を見て自分のアドレスをチェックしてみましょう。案の定、右肩が下がっていたとしたら、それを直すだけで、ダフることが少なくなると思います。

また、いっぺん初心に戻って、昔本で読んだアドレスの取り方を思い出して矯正するのもお勧めです。私自身も経験がありますが、自分は基本通りに構えているつもりでも、徐々にずれてきてしまうことは往々にして起こります。

そんなときに、初心に戻って基本に忠実なアドレスで構え直してみると、ボールの見え方が違ってきたり、知らず知らずのうちに構えがずれてしまっていたことに気がついたりしやすくなります。

このように**ミスショットがでたら、初心に戻ってリセットしてみる**のも、早い段階でスウィングを矯正するのに有効だと思いますので、試してみてください。

普段の構えでは、右肩は下がっていなくても、「ここぞ！」という肝心の場面でダフリがでる人もいると思います。そういう人の場合、原因のほとんどが力みです。

もう「打ったろ！」「打ったらぁ！」みたいな感じで力が入って、グァーって振ると、思いっきり地面をダーーーーーーーーン！

この場合の対処法は、力を抜くこと。それだけです。

力を抜く方法は、まずは私もやっているユルユルグリップ。クラブが抜けて、飛んでいってしまいそうなくらいゆるく握るグリップがお勧めです。

人間というのは、不思議なもので手に力を入れない状態で、肩にだけ力を入れることはできないので、グリップさえユルユルにしておけば、スウィング中に力むことはなくなります。

それでもまだダフリがでるようなら、力の抜き方が足りないことが原因として考えられますので、更にグリップから力を抜いて振ってみてください。初めのうちは**本当にクラブがすっぽ抜けそうで勇気がいります**が、ゴルフのグリップというのはその形状からちょっとやそっとでは、手から抜けて飛んでいったりはしないので大丈夫です。

あと私がよくやるのが、「練習場を思い出す」ことです。

「ここでパー・オンやったら80台」っていうときはどうしても力が入ってしまいます。

で、そのまま打つと、さっきのように思いっきり地面をダーーーーーーーン！

こんなことにならないように、打つ前に、一旦気持ちをリセットさせ、練習場にいる自分をイメージするのです。「はい、ここはいつも行っている練習場。もう7番アイアンで50球も打ったし、これ51球目やし」みたいな感じで、要は自分自身に暗示をかけるのです。

子供騙《だま》しのように聞こえるかもしれませんが、結構これが効果的で、**練習場のように軽く振れて、芯を食い、思い通り飛んだ**ということがこれまでに何度もありました。

結局、ダフリを直すには、自分自身を第三者として冷静に見る自分を持っておくことが大事なように感じています。自分を醒《さ》めた目で見る自分がいないと、思いっきり力が入っているのに、そのことに気がつかず、対策が打てないので、なかなかミスショットは減りません。

そのためには常に冷静さを失わないことが重要なのは言うまでもありません。やっぱりゴルフって、メンタル面がつくづく重要なんですよね。

定理21

何よりスコアに直結するパットの腕を磨くべし！

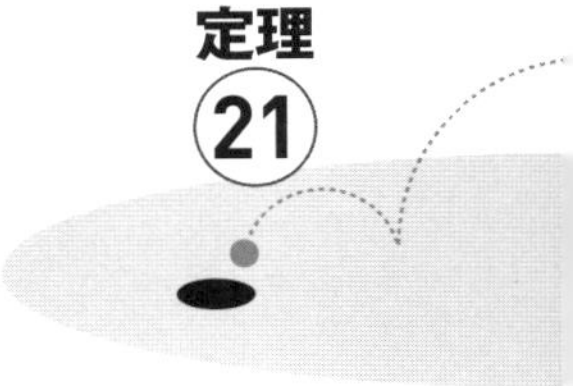

ゴルフの練習というと、練習場でドライバーをはじめとしたクラブを振る、ロングショットを思い描くと思います。

しかし、スコアを良くしようと思ったら、一番練習をしなくてはいけないのはパッティングです。何故なら、パッティングほどスコアに直結するものはないからです。

例えば、前回ラウンドしたときのことを思い出してください。そのとき、**どのクラブを一番多く使っていたか**覚えていますか？

皆さんの答えを聞くまでもなく、それはパターです。これには例外はありえません。

もし、パターより数多く使ったクラブがあったとしたら、それは相当特殊なラウンドだったのではないかと思います。

言うまでもありませんが、ゴルフコースはパー5のロング、パー4のミドル、そしてパー3のショートホールで構成されています。

ロングホールであれば、第3打でグリーンに乗せるのがパーオン、ミドルなら2打目、ショートホールなら1打目でオンさせるのがパーオンです。即ち、各ホールともパーより2打少ない打数でグリーンに乗せることが標準とされているのです。

もちろん我々アマチュアは、全てのホールでパーオンさせることはなかなかできません。しかし、ゴルフではそもそも、**各ホールで2打ずつパットを行うことがコース設計の前提となっている**ことを忘れてはいけません。

ゴルフコースというのは、18ホールで構成されているので、ワンラウンドでは36パットが標準ということになります。ワンラウンドをパープレイで回った場合、通常72打ですが、実にその半分がパターで打つことを前提とされているのです。繰り返しますが、一回のラウンド中に36回も使うクラブは、パター以外には通常ありえないのです。

これが、先ほどお伝えした「パッティングほどスコアに直結するものはない」ということの理由です。

パッティングで重要なことは、狙ったところに正確にボールを運ぶことに尽きます。これができないことには、どんなにグリーンのラインが読めたところで全く意味をなさなくなってしまうので、しっかりと練習しておくことが重要です。

とはいえ、難しいことは何もありません。よくあるパターマットを買って、日夜練習するだけです。パターマットは大抵が中国製で、値段もたかが知れています。練習場で打つのと違って、それ以上のコストはかからないので、お持ちでない方は是非購入するべきです。

私自身、自宅の神棚の下にパターマットを敷きっぱなしにして、朝夕、神棚を拝んだ後、コンっと何発か打つのを日課にしていました。ゴルフを始めたばかりの頃は、本当に毎日、練習しない日はないほどコンコン打っていました。

穴の壁に当てて入れたり、ギリギリで入れたり、打つ強さにバリエーションをつけたりはするものの、**基本まっすぐ狙ったところに打つだけ**で、変わったことはしていませんが、おかげさまで同伴プレイヤーからパットが上手いとよく褒められるようにはなりました。

よく「パターマットは芝のグリーンと感覚が違うから、これで練習しても意味がない」という趣旨の発言をされる方がいるようですが、私はこの意見には反対です。

確かに本番のグリーンはアンジュレーションがあって、それによって左右に曲がりますし、距離感も変わります。また、芝目の影響もあって自分の感覚とは相容《い》れないことも多いのは確かです。しかし、自分で傾斜や芝目を読んで曲がりを予測したとしても、狙ったところに打てないようでは、ボールがカップインすることはないのです(まぐれで入ることはあるかもしれませんが……)。

つまり、**打ち出したい方向に打ち出したい強さで打てる技術**、これがないことにはスコアはいつまで経っても良くはならないのです。

パターがワンラウンドで一番使うクラブだということを肝に銘じて、練習に励もうではありませんか！

練習効率を上げるため、コースデビューは早めにしよう！

定理22

練習場である程度ボールが前に飛ぶようになってきたら、そろそろコースデビューしたくなるのが人情だと思います。

コースデビューに関しては、どのタイミングがよいのか様々な意見がありますが、私は自分の経験からも、なるべく早くコースデビューした方がいいという意見です。

しかし、全くクラブを振ったことのない状態で、コースにでるのを勧めているのではありません。あくまでも、とりあえずボールを前に打てるくらいのレベルにはなってからのお話です。

目安としては、**週に1回の練習で4回練習したくらいの段階ならOK**なのではないかと思います。私自身のコースデビューも、練習を始めて1ヶ月くらいした頃でした。

最初のラウンドはどんな人でも苦労するので、何も18ホールを回る必要はなく、ハーフで十分だと思います。時間がかかって、同伴競技者だけではなく後続組にも迷惑をかけることが十分に予想できるので、できれば、午後の最終の組でハーフだけ回ってみるのがいいのではないかと思います。

初ラウンドは間違いなく時間がかかるので、午後の最終組で回るとホールアウトが結構遅い時刻になり、冬場だと暗くなってしまうかもしれないので、夏の方がいいのではないかと思います。

このように私が早い段階でコースデビューをお勧めするのには、いくつか理由があります。

まず第一の理由が、**一度コースにでると、何を練習しなければいけないか、身に染みて分かる**ことです。それまで練習場では、気持ちよくドライバーばかり振り回していて、ある程度前に飛ばせる自信がついていたところに、いざコースにでてみるとグリーン周りのアプローチでメチャメチャ行ったり来たりさせられる。

経験された方も多いと思いますが、最初は、こういうショートゲームで、すごくしんどい思いをするわけです。こういう経験をして初めて、30ヤードと40ヤードの打ち分けもできなくてはあかんということが分かるわけです。

つまり、初心者が初めてコースにでる意義は、「練習課題を見つける」ことにあるので、その意識をしっかりと持っておくことが重要なのです。

もう一つ、早めのコースデビューを勧める理由は、**ゴルフコースの美しさを自らの目に焼きつける**ことが、ゴルフの上達のための意欲を掻《か》き立てるからです。

私自身、初めてのラウンドの日に、「ゴルフ場ってすごく綺麗だなあ」と感激したことを今でも覚えています。おそらく初めてゴルフコースのティーグラウンドに立たれた方は、同じ思いを抱くのではないかと思います。

フェアウェイがパアーっと開けているあの美しさは、練習場ではもちろん味わえませんし、テレビでプロのトーナメントの試合を見ていても感じられるものではありません。

「ああ綺麗！」

そう思った瞬間から、**ゴルフを愛する気持ちが更に高まり、より楽しくプレイするために練習にも励む**ようになる。そんな好循環が生まれるように感じています。

ですので、練習開始1ヶ月くらいでコースに誘われたら、絶対に行くべきだと思います。トラック1杯分のボールを打ってから、という教えには、私は賛成いたしません。

第４章

スコアを５打縮める
スマートラウンド術

定理
23

短いミドルのティーショットも、迷わずしっかりドライバー

青空をつんざくように飛んでいく会心の一打を放ったときの快感は、何物にも代えられません。豪快なドライバーショットをぶっ放すことが、ゴルフの醍醐《だいご》味《み》であることは間違いないでしょう。そのため、**常にフルスイングして、1ヤードでも遠くに飛ばそう**とするのがアマチュアゴルファーの大半です。

しかし、ゴルフというのはスコアを競いあうスポーツで、決してドライバーの飛距離を競う種目ではありません。事実、1発だけ会心のドライバーショットが打てたとしてもスコアがメタメタでは、気分も晴れません。

逆に、ドライバーショットはイマイチだったけど、自分なりにコントロールした結果、いつもよりいいスコアで回れたときの方が嬉しいものです。

1発素晴らしい当たりのドライバーショットがあったとしても、嬉しいのはその瞬間だけ。他人のたった1回の300ヤードなんて誰も覚えていてくれはしません。それより、いいスコアで回る方が、ラウンド後に笑って酒が飲めるというものではないでしょうか。

もちろん私自身も、ゴルフを始めたばかりの初心者の頃は、飛びを求めてドライバーをブンブンと振り回していました。しかし、今はすっかり考え方を変え、飛びではなく、とにかくスコアを良くすることに集中するようにしています。

具体的には、まずOBを減らすこと。これがスコアを良くするための最重要ポイントだと考えています。

というのも、**OBを連発しているうちは、90はおろか100を切ることもままならない**ことに気がついたからです。私自身まだ、100が切れていなかった頃、101とか102とか非常に惜しいスコアが続いたことがありました。

そのときの自分のプレイを振り返ってみて蘇《よみがえ》ってきたのが、痛恨のOBショット。「あのOBさえなかったら……」という悔しい思いは今も忘れられません。

しかも、そんなことが2回も3回も繰り返し起き、ついに、スコアメイクはOBを減らさないことには始まらないことに目覚め、今にいたっているのです。

もちろん、ドライバー以外でもOBになってしまうことがありますが、一番長くて扱いづらい上、距離もでるドライバーを使ったときが、OBのリスクが一番大きいのは間違いありません。

そのため、上級者になると、距離の短いミドルコースなどではアイアンやフェアウェイウッドでティーショットをする人も多くいます。もちろんティーショットでのミスを減らすのが目的なのは分かるのですが、私は今のところ「ティーショットはドライバー派」です。

理由は、**用心してフェアウェイウッドを持ち出したのにもかかわらず、OBを打ったときのダメージ**の大きさが計り知れないからです。

実は何度か真似をして、フェアウェイウッドでティーショットをしてみたことがあるのですが、「これで、もし失敗したらメッチャ笑われる」と、プレッシャーがかかってしまったからか、見事にOBを打ってしまいました。

もぉ、そのときの後悔ったらないわけです。「だったら、ドライバーで打っときゃよかった」と……。要は、我々のような初心者は、ドライバーでもウッドでも、ミスするときはミスをするのです。その原因の一つが不安から来る「迷い」であると、私は感じています。

迷いがあるから、**思いっきり振り切れずミスショットにつながっている**ので、今は、ドライバーをしっかり振り切ることだけを意識して打っています。以前はクラブを少し短く持ち、慎重に打っていたのですが、しっかり振り切るようにしてから、寧《むし》ろミスが少なくなったように感じています。

もう少し上達したら、ホールによってウッドやアイアンを手にするかもしれませんが、今しばらくは「ティーショットはドライバー派」を続けてみようと思っています。

アイアンの番手自慢に乗せられてはいけない！

定理
24

世の中のゴルファーが一番抗《あらが》うことのできない魔法の言葉は、おそらく「飛ぶ」でしょう。事実、毎月のように発表されるクラブの新製品の大半に、この魔法の言葉がキャッチフレーズとして使われています。

すでにお伝えしたように、私はドライバーに関してはやはり飛ぶクラブの方がいいと思いますが、アイアンに関しては全く違う考えを持っています。

今私は、**タイトリストのMBというマッスルバックのアイアン**を使っています。このクラブに替える前には、老舗の国産メーカーのアイアンを使っていました。

もともとこのメーカーの商品は値段が高く、ある程度年齢がいったお金持ちをメインのターゲットにしているので、飛ぶことを売り物にしていました。

実際、そのアイアンもカーボンシャフトでよく飛んでいました。私自身、タイトリストに替えた途端、7番アイアンで20ヤードほど距離が落ちてしまい大変なショックを受けたのです。

しかし、よくよく調べてみると、タイトリストのロフト角が35度なのに対し、そのメーカーのものは30度と5度も違ったのです。5度も違い、シャフトもカーボンからスチールに変われば、20ヤードの差がでても当然です。

要は、飛ぶと謳《うた》っているアイアンというのは、いろいろなテクノロジーを駆使しているとはいうものの、大体においてロ**フトが通常クラブに比べて立っている**のです。

そもそもアイアンというのは距離に応じて、番手を変えて打つもので、本来距離を出すことを目的としてはいないはずです。それなのに何故、人は飛ぶアイアンに心惹《ひ》かれてしまうのでしょう？

皆さん、ショートホールで同伴競技者と番手の自慢をしあったことってありませんか？　150ヤードのショートホールで、「俺は何番だし」とか。

私の周りでは、よくやるんですよ。「俺ウェッジやし」とか、なんか妙な自慢大会。

男の見栄の張りあいです。

でも、先ほども説明した通り、アイアンはメーカーやブランドによって同じ番手でもロフト角が違うので、何番で何ヤード飛ばせるなどと言っても何の意味もないのです。

要は、**アイアンの番手自慢なんてものは、見栄っ張りのやること**なので、決して挑発に乗ってはいけないのです。あれに乗ると、ついつい飛ぶクラブに手を伸ばしてしまいますから。

飛ぶクラブにはそれなりの弱点があり、その最たるものが番手間の距離が長くなることです。番手間の距離が長くなればなるほど、力加減やテクニックで距離を打ち分けなくてはならなくなります。つまり、ピッタリと狙った距離を打って乗せるのに飛ぶアイアンは向いていないのです。

アイアンで重要なのは、なんと言っても確実性です。

140ヤードなら7番、130ヤードなら8番でという具合に、自分の距離を把握し、毎回確実にヒットすること。特に、シングルを狙っていたり、80台でコンスタントに回ろうと思っているのだったら、**グリーンまで120ヤード以内を確実に3打でカップインさせる技術**を身につけなくてはいけないと思います。

いきなりは無理でも、まずは100ヤードから始めて、それから120ヤード。これがクリアできたら150ヤードとだんだんと3打で入れる距離を伸ばすようにすると確実に上達します。

もちろん150ヤードを確実に3打で入れるのは簡単ではありません。実際、私自身もまだその域には遠く及んでいません。ですが、こういう目標は上達する上で必要ですし、自分がどの距離だったら、3打で行けるのかを知っておくのはコースマネージメントをする上でも大いに役立ちます。

120ヤードだったらグリーンを狙っていく。150ヤードだったら無理に狙わず、とりあえずグリーンの近くまで運ぶことを目標にする。こうやって自分の実力に応じて、割り切ってコースマネージメントをすることによって、確実にスコアは上がっていくと思います。

そういう意味で、**アイアンはキチンと残りの距離を打てることこそが重要**で、距離を求めるのは愚の骨頂でしかないのです。一緒に回っている人たちが、番手自慢を始めたら、鼻で笑うか、耳をふさいでおきましょう。

定理25

50cmのパットが打てなくなる幽霊の正体とは？

突然ですが、皆さんはイップスの人を間近で見たことはありますか？

私も話で聞いてはいたものの、そんな人が世の中に実在するのか、半信半疑だったのですが、実は先日、初めて**イップスの人と一緒にラウンド**をしました。

その方はアキラさんと言って、年齢は60歳くらい。お年に似合わず、ドライバーショットもそこそこ飛ばすし、アイアンのキレも良く、一見いわゆる上手な元シングルさんの印象でした。

事実、初めの3ホールくらいは、パーかボギーで回っていたのですが、4ホール目に入って突如、豹変《ひょうへん》したのです。

このホールでもアキラさんのショットは冴え、見事にパーオンを果たしました。

バーディーパットは惜しくも外してしまいましたが、残りは50㎝。

誰もが、すんなりパーパットを決めると思った次の瞬間、アキラさんの打ったボールはコーンという打球音を残し、カップを越えて、遥か３ｍ先まで転がっていってしまったのです。

私は、アキラさんとラウンドするのは、その日が初めてで、彼がイップスだとは知りませんでした。ですので、その瞬間、何が起こったのか全く訳が分からず、目が点になってしまいました。

当のアキラさんは「でだしたよ……」という言葉を吐きながら、グリーンの端っこまで行ってしまった自分のボールのもとに向かいましたが、そのときの言葉を聞いて初めて、これがイップスなんだということに気がつきました。

アキラさんは、それまでのホールでは、５ｍくらいのパットをＯＫの距離に寄せていて、パッティングもなかなか上手い人だと、思っていたのですが、**一度イップスの症状がでると、短い距離が打てなくなる**ようで、このホール以降はショートパットが残ると、カップに正対して立って、パターの先っちょでコツンと打って凌《しの》いでいました。

いやぁ、びっくりしました。いるもんなんですねぇ、イップスの人って!?

さて、パッティングについて書かれている本や、雑誌の記事はたくさんありますが、**イップスの直し方やイップスにならないための方法**について書かれたものは、あまり見かけないように思います。

先ほどもお話ししたように、アキラさんの挙動は私にとっては衝撃だったのです。こういう訳の分からない出来事を目の当たりにしてしまうと、原因について考えざるをえないのが、研究者の習い性です。

早速、イップスについてもいろいろ考えてみました。そして、ある結論に達しました。まだ全容解明にはいたっていませんが、今回、中間報告ということで、特別に発表させていただきたいと思います。

私がたどり着いた結論とは、「幽霊が怖い人はイップスになる可能性がある」というものです。

「幽霊とイップス、また、訳の分からんことを城戸が言い出した」

そう思われた方もいるかもしれませんが、これは我ながら的を射ていると感じていますので、今しばらくおつきあいをお願いします。

世の中には霊感の強い人がいて、幽霊が見えるらしいですが、そういう人は幽霊なんて怖くもなんともありません。なぜなら、その人にとって幽霊とは目に見えるものだから。彼らにとっては、幽霊はいて当たり前の存在だからです。

同様に、私のような理科系の研究者も幽霊なんか怖くありません。そんな非科学的な存在、はなから信じていませんし、何かそれらしきものが見えたとしても、目の錯覚だとしか思いませんので、全く怖くありません。

つまり、**幽霊の存在が当たり前の人と、幽霊の存在を微塵《みじん》も信じていない人**、この両者にとって幽霊の存在は怖いものではないのです。

では、幽霊を怖がる人というのは、どういう人か？

それは、幽霊の存在を否定するでもなく、かといって見たこともないのに、「もし、幽霊がでたらどうしよう」と不安を抱く人です。

イップスも、この「もし、でたらどうしよう」という不安な気持ちが原因になっているというのが、現段階の私の仮説です。

実は私の同僚の准教授のイチロー君も、いずれイップスになるのではないかと、事あるごとに警告をしているのです。というのも、彼はたとえ50㎝のパットでも、「お先に！」をせずに、ボールの後ろに立って、パターをつるしてラインを読むのです。

慎重になるのは悪いことではないのですが、彼の場合、度が過ぎるというか、ラインの分かっている返しのパットでも同じことをやるのです。しかも、そんなに慎重に時間をかけた50㎝のパットを、時々外したりもします。

皆さんも、経験がおありかもしれませんが、**50㎝のパットを外したときのダメージの大きさ**というのは計り知れません。しかも、慎重の上に慎重を重ねて打って外したとなれば、更に大きな心の傷として残ります。そういう心の傷が積もり積もっていくと、「また外すのではないか」という不安になって、ついには50㎝が打てないイップスになってしまうのではないかと思うのです。

朝晩10球のパターマット練習でイップス退治

定理
26

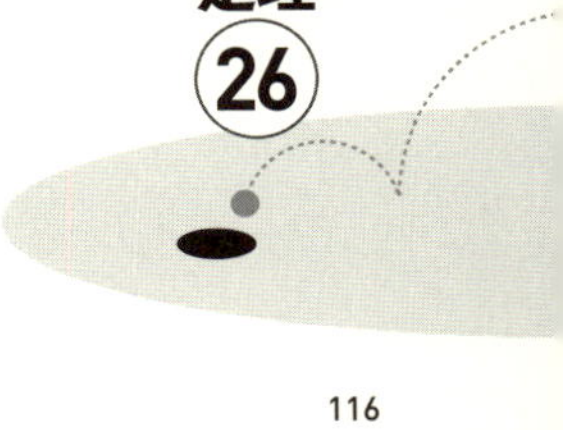

では、どうしたらイップスにならずに済むか？　それには、心に現れる不安の要因を全て排除することが有効ではないかと考えています。

パッティング練習の項でも説明しましたが、パットが上手くなるには、とにかく打ち出したい方向に打ち出したい強さで打てる技術をキチンと確立することが大事です。自宅にパターマットを敷いて朝晩10球打つだけで、確実に上手くなります。パターマットで、**２m以内だったら確実に入れられる技術と自信を身につける**ことがまずは重要でしょう。

次に、ラインを読む技術を会得すること。初心者にはなかなか難しいですが、ラインが正しく読めないことには、１００発打っても入りません（まぐれで入ることもなくはありませんが……)。

ラインを読むためのコツは、グリーンの全体像を捉えることです。よく、グリーンに乗った自分の球のところへ来て初めてラインを読み始める人がいますが、それでは読み間違いはなくなりません。

ゴルフコースの設計者は、プレイヤーに目の錯覚を起こさせようとコースを設計しています。その罠《わな》に落ちないようにするには、**アプローチの段階から、グリーン全体の形状を把握する**ことが重要です。グリーンの全体像を見て、カップと自分のボールの位置を少し離れたところから見ることでおおよその切れ方を見積もれます。そしてグリーン上で、その傾斜なり芝目の詳細を確認し、ボールの真後ろから見てラインを確定します。

しかし、実際にはラインも決めていざ打とうという段階になって、「あれ、ひょっとしてこれ左(右)向きすぎ?」と感じることがあります。ここで、微調節をすると大概の場合、いい結果になりません。

「左（右）向きすぎ」と感じるのは、アドレス時の見る位置と真後ろからの角度が違うからなので、ここでは迷うのは禁物です。この際の迷いを消すには、ボールにマジックで線を引いておくのがお勧めです。その線を自分で打ち出そうとする方向に合わせてボールをおき、あとはそのラインを信じて疑わないことが重要です。

こうやって、パッティングの際に感じる不安要素を全てとっぱらってあげれば、もうイップスにはならないと思います。

更に何かを付け加えるとするなら、心の力を抜くことを挙げたいと思います。先に紹介したイチロー君なんか、心に力が入りすぎている典型例です。

神経質になりすぎて「絶対入れたる、絶対入れたる。これ入ったらなんやかんや」って常に思っているのだと思いますが、コンペでもなく、仲間内で回っているだけなんだから、**50㎝の返しのパットなんか気楽に「お先に！」で入れてしまえばいい**のです。

イチロー君が私の警告を聞いて改心するか、このまま私の予言通り、イップスになるか。イップス研究者としては、興味の尽きないところです。

OBを打ってしまったら すぐ忘れる！ どうやって？

定理 27

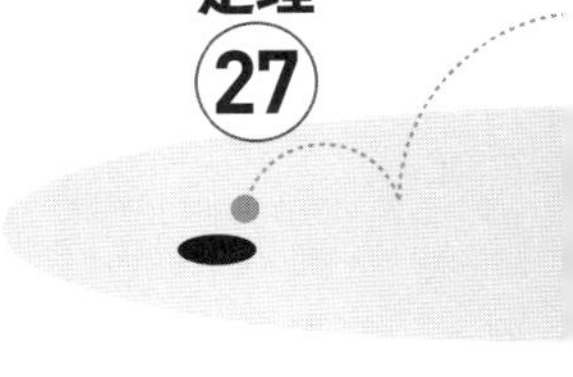

朝一のティーショットは誰でも緊張するものです。その日の調子は分からないし、後ろのパーティの人たちも見ていて、いつもよりギャラリーも多いし。

そんな朝一のショットの精度を上げるためには、**スタートより1時間早く到着して、体をほぐす**ことが重要です。練習場が併設されているコースに行くときには、必ず何発か打つようにしています。

ゴルフはメンタルが作用する部分が大きいので、「ちゃんと打てるかなあ」とか「スライスでるしなあ」とか考えながら打つのと、実際に10発でも20発でも打ってからスタートするのとでは、気持ち的にも結果も全然違います。

気持ちの面を整えてスタートを迎えたいものですが、渋滞にはまったり、道を間違えたり、ゴルフ場到着がスタート時間ギリギリになってしまうことも往々にしてありますし、いつもいつも万全の準備ができるとは限りません。

そんなとき、朝一ショットでOBなんか打とうものなら、相当凹みます。しかも、これをズルズルと引きずってしまうようですと、その日一日が全く面白くなくなってしまいますし、スコアにも悪い影響がでてしまいます。

私自身は、血液型がAB型でかつ理系なので、気持ちの切り替えが早いのですが、他の人を見ているとやっぱりズルズルと引きずる人もいるようです。終わってしまったことを**引きずっていても、いい結果にはならない**のですが、なかなかそのコントロールができない人が多いようです。

引きずるということに関して言うと、研究でも結構な時間をかけていたものが、最終的にやっぱり違っていたことが分かったときなどは、かなり大きなショックを受けるのは確かです。

世界一光るだろうと目論《もくろ》んで新しい化合物や物質を作り始めたけれど、結局あんまり光らないことなんか、日常茶飯事です。しかし、そのたびに落ち込んでいたのでは前に進めません。

そういうときは、「何故失敗したのか」と**失敗の原因を追究し、若干でも何かを学ぶ**ことが重要です。考え方を切り替えて、失敗しても何かをつかんで立ち上がれれば、それは失敗ではありません。失敗を本当に失敗として捉えて、そこから何も得なければ、引きずってしまうと思います。おそらく、これはビジネスの世界でも一緒です。


ソフトバンクの孫正義社長と親しい人から聞いたのですが、孫さんはそういう意味では、切り替えの天才らしいです。

孫さんの場合、成功したことばかりが報道されますが、実際はいろいろなことで失敗も経験されているのだそうです。

ほとんど寝ずに何ヶ月も必死でやってきた事業でも、上手くいかないときは上手くいかないものです。孫さんもそんな手痛い失敗を何度も経験しているらしいのです。

しかし、普通の人だと半年くらい立ち直れないような失敗をしても、孫さんの場合、あっという間に立ち直れるのだそうです。

次の日にはケロッとして、別の目標に向かってグアーっと走り出しているというのですから、やはり大したものです。

孫さんは特別なのかもしれません。しかし、失敗してしまった後は、気持ちの切り替えが重要だということは誰もが認識しておくべきだと思います。ゴルファーの場合は、ミスを引きずったらスコアが悪くなること、**切り替えて次の一打に集中する**ことが重要なのだと覚えておくべきでしょう。

とりあえずOBを打っちゃったら、孫さんの顔を思い浮かべるのも、気持ちを切り替えるのにいいかもしれませんね!?

林から狙うか出すか、あなたはどう決める？

定理
28

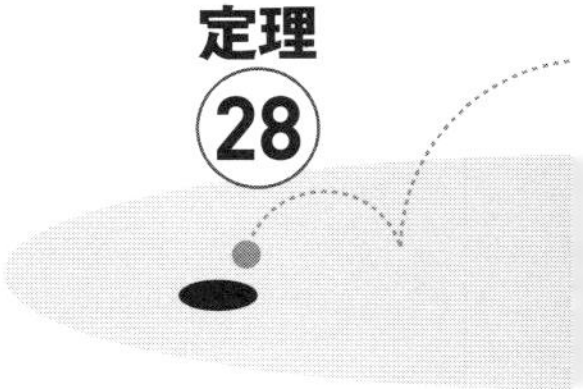

ティーショットを曲げてボールが右の林に入ってしまった。ボールの落下地点に行ってみると、ちょうどグリーンの方向に向けて１ｍくらいの隙間があいている。この間を通せば、グリーンの近くに持っていけるかもしれない。さぁ、こんなシチュエーションになったとき、アナタだったらどうしますか？

この場合、重要なのは、「今の調子、今日の調子であの間に打てるかどうか」ということを、冷静に判断することだと思います。

林の中へ打ってしまったら、それを取り返そうとして**グリーンの方向に打ちたい**と考えるのは、ゴルファー心理としてはよく分かります。

そう考えるのは、おそらくプロだろうとアマチュアだろうと一緒だと思います。

ただプロには1mの幅を通せる技術があるけれど、アマチュアにはそれがない。なのに、妙に冒険心に駆られてギャンブルにでて、大失敗。挙げ句の果てに大叩きしちゃって、その日のスコアをメタメタにしてしまう、そんな人って皆さんの周りにもたくさんいるんじゃないでしょうか?

彼らの多くが大抵初心者です。周りから見ていると、「あの人の実力じゃ、あの隙間は絶対に通せない、真横に出した方が絶対にいい」と思う人ほど、奇跡の一打に賭けてギャンブルをする。そして、失敗。初心者ほど、今やろうとしている危険な挑戦が、如何に無謀なことなのか分かっていないのでしょう。

一方、プロや上級者の場合、状況にもよりますが、1mあいていれば打つかもしれませんが、50cmだったら打たないと思います。彼らは、**自分のできることと、できないことの見極め**ができているので、より慎重です。だから、大きくスコアを乱したりしないのです。

この自分の実力を見極めるスタンスは、初心者も大いに見習うべきだと思うのです。

こういう話をすると、私自身がなんだか冒険心のない人間のように思われてしまうかもしれませんが、それは誤解です。

我々のやっている研究というのは、世界で誰もまだ発見していないものを探していることですから、研究イコール冒険みたいなものです。

そういう意味では、研究者というのは冒険心満々ですし、新しいことにチャレンジするのは大好きです。ただ冒険と確率の低いことをやるのとでは、全く別の話です。

例えば、光り輝く物質を作るのに、適当に試薬を100種類買ってきて、それを混ぜてグツグツやっていても何も生まれっこありません。

たまたま何かができる確率は、おそらく2億分の1くらいじゃないでしょうか。2億回やって1回だけたまたま上手くいく。50cm、1mの松の木の間を抜くショットを初心者がやって上手くいくのも、そのくらいの確率でしかありません。

そんなのは無理なんです！　単に奇跡を期待するようなものですから、そういう無謀なことは研究者はやりません。

冒険と無謀な賭けは根本的に違うことを知っておけば、**林の中からミラクルショットを打とうという気持ちを抑えられる**ようになるのではないでしょうか？

定理
29

ラインを読むのが、グリーン上の大きな楽しみ

先にもお話ししましたが、私は超初心者の頃から、基本的に独学でゴルフを学んできました。理由もすでにお話しした通り、教えてもらうことが嫌いだからです。

ところが、なんだか知らないけれど、おせっかいな人が多くて、やれああでもないこうでもないと、教えてくださるいわゆる「教え魔」様がゴルファーには多くて、辟《へき》易《えき》させられます。

ゴルフを始めて約2年経ちますが、振り返って思い出してみても、そういう人たちにもらったアドバイスで、本当に良かったと思うものは一つもありません。逆に、**混乱させられて、1~2週間回り道をさせられた**例は枚挙に遑《いとま》がありません。

ですので、上手くなるには、「周囲の上級者の言うことは聞くな」ということを、

声を大にして言っておきたいと思います。同時に、「俺に教えてくれるな！」ということも、この場を借りて世の教え魔の皆様に、お願いをしたいと思います。

そもそも、ゴルフが上手い人が、教え方が上手とは限りません。これは、野球でも「名選手、名監督にあらず」と言われているのと同じです。自分でやるプレイは一流でも、それを上手く人に伝えるには別の才能が必要なので、必ずしも指導者として適性があるかは分からないのです。

ミスタージャイアンツにして国民栄誉賞の長嶋茂雄氏も、選手としては超一流だったけれども指導者として超一流だったかというと微妙です。逆に、世界のホームラン王・王貞治選手を育てた荒川博コーチのように、選手としてはイマイチだったかもしれないけどコーチとしては素晴らしいということもあるわけです。

つまり、周りにいる**シングルの人に教えてもらっても、的確なアドバイスが得られるとは限らない**ので、自分で勉強した方が速く上達できるのではないかというのが私の考えなのです。

「教えてくれるな！」という言葉は、実はキャディーさんたちにも言わせてもらいたいと思っています。

確かに初めてのコースにでたときは、グリーンの癖も分からないので、キャディーさんのアドバイスを喜ばれる人もいます。しかし、私はやはり教わるのは嫌なのです。ラインにしても、自分で読んでバチッと入れるのを楽しみにしているのに、キャディーさんの指示通りに打って入ったら、キャディーさんのお手柄みたいになるじゃないですか！

自分で考えて打って、それで入れば１００点満点、ハッピーハッピーになれるのに、キャディーさんに言われて入れたんじゃ、せいぜい60点。40点もキャディーさんにやらなあかんなんて、ありえんのです。

嫌なんです。お願いだから黙っていて欲しいと、心底思います。

特に、**うるさいくらいのキャディーさんに当たると最悪**です。以前上りのパットを打とうとしているときに、「上りで逆目だから強く強く強く」と言われたことがありました。しかも、必死の形相で！

自分でも強く打たなきゃいけないのは分かっているところに、「強く強く強く」と強調されてしまったもんだから……カーンっと大オーバーです。

勘弁して欲しいものです……。

とどのつまり、いいキャディーさんっていうのは、プレイヤーが何を望んでいるのかをいち早くつかみ取って、教えて欲しい人にはきちんと教えてあげられる人だと思います。

しかも、それも**周りの人には聞こえないよう小声でそっと教えてあげる**、そういう気配りができるキャディーさんが増えて欲しいものだと切望します。

パーを狙わないだけで何故かスコアはアップする

定理
30

ゴルファーであれば、誰でもできるだけ少ないスコアで回りたいと考えるのは極めて自然なことです。できれば、プロやトップアマのようにパープレイやアンダーパーで回ることを夢見るのもよく理解できます。

しかし、未だ１００も切れないようなゴルファーが、いきなりパープレイで回れるようになるわけがないのですが、どうも見ていると、ホールの難易度にかかわらず、**全ホールでパーを取ろうとするゴルファーが多い**ように見受けられます。

自分の技量を越えたコースの攻め方をするが故に、罠にはまってしまって、スコアを壊してしまうこともよくあるので、闇雲にパーを取りにいくのではなく、ホールごとに攻め方を考えることが、スコアをまとめるためには重要だと思います。

例えば、ゴルフコースは18ホールで構成されているので、**全ホールボギーで上がれば、トータルは90**です。もし、それまで100を切ったことがない人であれば、ボギープレイができれば万々歳のはず。

そのことに気がつきさえすれば、パー4でも距離の長いホールでは最初からスリーオンを狙えばよくなり、力んでショットを乱すことも少なくなるはずです。

ただし、常にスリーオンばっかりだと、たまにスリーパットしてしまうとダブルボギーになってしまうので、距離が短めのパー4ではパーオンを狙うなど、ホールによって自分なりのパーを決めるのがいいと思います。

「ここはパーオンが狙える、ここはボギーオンを狙う」と最初に考えれば、ドライバーを思いっきり振る必要はなくなるので、気が楽になります。

ホールによって攻め方を変えるのは、ホームコースを持っているとやりやすいと思います。「ここは軽めに打っていこう」などと自然と頭が働きますので。

初めて行くところは、本来なら行く前に予習をしておいた方がスコアアップにつながると思います（私自身、最近はサボっているのですが……）。

そういうよく知らないコースでプレイする場合、私が心がけているのは、**グリーンを手前から攻める**ことです。大体において、グリーンの後ろ側は林だったり、崖だったり、大トラブルにつながりやすい設計になっているコースが多いように感じます。

私自身、ゴルフを始めた頃、オーバーに打って何回も痛い目にあった経験がありますので、以来、気をつけています。

大体、皆さん、ご自分がどのクラブでフルショットをしたとき、どの程度の距離を飛ばせるかというのは把握しているようですが、それぞれの番手で一番飛んだ場合の距離を基準にされているように思います。しかし、ゴルフの場合、常に都合よく自分がフルショットをする距離ばかりが残るわけではありません。

ですので、練習場で各番手でフルショットをした場合の飛距離と、少し力を抜いて打った場合の飛距離は最低限把握しておくことが重要です。

私の場合は、中途半端な距離が残ってしまったら、短めに持って、仮に真っ芯でクリーンヒットしても、絶対にオーバーしないようなクラブを選ぶようにしています。

結局、それが一番成功する確率が高いように感じています。

ショットの飛距離は、その日の調子によっても左右されます。他にも、風や、打ち上げ・打ち下ろしなどでも影響されます。それらを全て計算しないと、思うようなところへボールを運ぶことはできません。

しかし、実際に「これでプラス5ヤードこれでマイナス5ヤード」と計算するのではなく、私の場合、そのときに立ってパッと見て受けたインスピレーションを重視しています。

私はゴルフの上達にとって、感性が非常に重要な役割を果たしていると思っています。パッと見て、**自分が打つべき球のイメージと打ち方が一瞬にして湧いてくる**ようになれるのが理想です。そこを目指すには、日頃から感性を活かすべく意識してプレイすることが重要だと考えているのです。

アルコールはスコアにいいか？ 悪いか？

定理
31

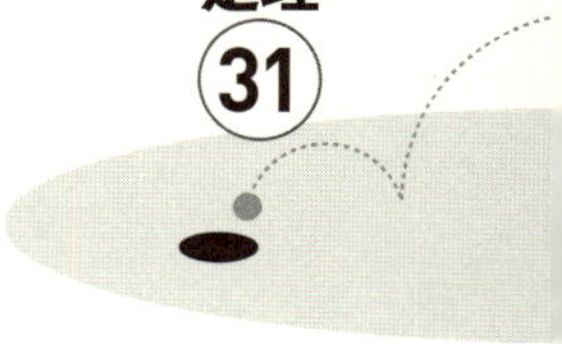

　前半の9ホールを終えて、**クラブハウスに戻ってからのビール**を楽しみにしているゴルファーも多いのではないかと思います。
　私自身は、ゴルフのときは、基本的にあまり飲まないようにしているのですが、真夏の暑い日のビールの美味しさは知っています。
　実際、夏に堪《たま》りかねて何回か飲んだら、これがメッチャ美味《うま》いわけです。ですので、闇雲に休憩中のビールがダメだと言うつもりは、全くありません。事実、最近は、その場の雰囲気で決めています。ただし、同伴者が誰も飲まないようなときに率先して飲むようなことはありません。
　生理学的な観点からゴルフのスコアへの影響を考えると、多分、飲まない方がいいのだと思いますよ。

やっぱりゴルフは、基本、メンタルスポーツですから、グビグビ飲んで妙に強気になってブンブン振り回すなんてことになると困りますから。また**アルコールが入れば、集中力に影響がでる**ので、スコアにこだわるのだったら、なるべく避けた方がいいに決まっています。

ただし、飲みたいのに飲むのを我慢してイライラするようであれば、逆に悪い影響がでそうですので、無理して我慢する必要はないと思います。

今まで20年ゴルフをやってきて、昼飯のときには必ずビールを飲んでいる。それでも、バックナインのスコアに影響がでないようであれば、飲んでもいいと思います。今更やめてスコアが良くならなかったら、意味がないと思いますし。

ということで、人それぞれでいいのだと思いますが、ただ、宴会までやるようでは、それはやりすぎというものです。

アルコールを飲む・飲まないに関しては、要はゴルフに対してどう取り組んでいるかということに尽きます。ゴルフにスポーツとして取り組んでいるのであれば、スポーツ中にビールを飲むことがありえないのは明らかだと思います。

タバコを吸うこと自体も、良くないと思います。ゴルフをスポーツだと捉えているなら、プレイ中は我慢するのが当たり前だと思います。

タバコに関して言うと、時々、**プロでもコース中に歩きながらタバコを吸っている人がいる**のを見かけますが、非常に残念なことだと思います。

プロというのは、アマチュアの手本となるべき存在なのに、マナーとしてまるでなっていません。

タバコ以外にも、ミスショットの後、キャディーにあたったりするマナーの悪いプロが日本のゴルフ界には多いように思います。日本人は海外の観光客から、非常にマナーが良いと高く評価されている国民なのに、メディアに映る機会が多いプロのマナーが褒められないのは、大変悲しいことです。

是非、プレイだけでなくマナーでも、我々アマチュアの手本になってもらいたいものだと思います。

定理32

ゴルフは紳士のスポーツだと今一度思い出して欲しい

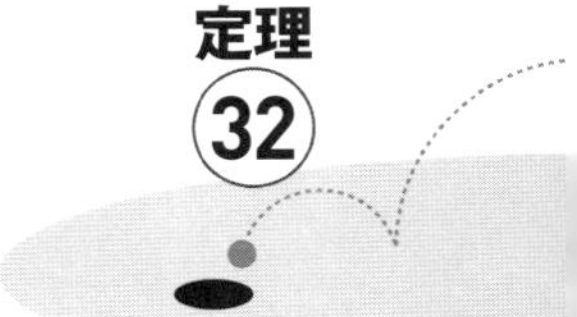

ゴルフは紳士のスポーツと呼ばれるように、**マナーに関しては他のスポーツ以上に厳しく守る**ように言われています。

しかしながら、そのことを理解していないゴルファーが多々見かけられるのは、非常に残念なことです。

例えば、本書でも度々登場してもらっている、私の同僚のイチロー君。彼もゴルフのマナーのなんたるかを全然理解していない一人です。

パッティングのときなのですが、私の方が距離があったので、先に打とうと構えに入ったのですが、イチロー君ときたら、私とカップを結んだ延長線上に立って、私が打とうとするのを見ているのです。

言うまでもありませんが、同伴競技者がパッティングをする際には邪魔にならないように、**視界に入らない場所に移動する**のが常識です。

なのにイチロー君ときたら、堂々と、しかも、何回注意しても直らないので、最近は、「俺の視界に入るな」「俺の後ろに回って、息を止めてろ」と言うようにしているのです。

イチロー君の名誉のために、一つはっきりさせておかなくてはいけないのは、彼はゴルフのマナーを理解していない一例として登場してもらっただけで、彼と同じような非常識なゴルファーはわんさかいます。

ゴルフを始める際に、師匠のような人がいて、その人の指導を受けつつゴルフを学ぶ場合、そのお師匠さんからマナーについて学ぶことができますが、全ての人にそのようなお手本になるような人がいるとは限りません。

寧ろ、誘われてとりあえずクラブを買って、何回か練習してコースデビューする人が大半で、クラブハウスでの振る舞いや、ラウンド中のマナーについては学ぶことなくゴルフをやっている人が多いのではないかと思います。

中には、良かれと思ってやることが、人のプレイの邪魔になる場合もあることをそういう人たちは知りません。

実はこんな経験をしたことがあります。またパッティングの際の話なのですが、ラインも決まり打とうかなあと思ってルーティンに入り、**いざ打とうというときになって、「マークしましょうか」と声をかけてきた**阿呆な同伴競技者がいたのです。

本人は良かれと思って言ってくれたのかもしれないのですが、もぉ〜本当に余計なお世話です。

動かして欲しかったらこっちからお願いするし、しかもその人のマークを目印にしようかなあと思っていたのに……頼みますよ、本当に。

やはり、ゴルフを始める人はゴルフのマナーの本を、最低1冊は読むべきだと思います。皆がマナーに気をつけるようになれば、すべての人が気持ちよくゴルフができるじゃないですか。

高級フランス料理の店に行くのに、短パンとスリッパとTシャツでゾロゾロ行ったりはしないでしょう。それは、お店の雰囲気を壊して他のお客さんを不快にさせないよう、気をつかっているからです。

ゴルフも一緒です。「同伴競技者に迷惑をかけない」「不愉快な思いをさせない」。マナーっていうのはもともとこのような他人を思いやる気持ちから始まっているので、それをしっかりと認識するべきです。

ゴルフというのは、**メンタル面がプレイに影響を与えるスポーツ**なので、同伴競技者のマナーの悪さが原因で、メタメタになってしまうことも少なくありません。

自分が被害にあうのはもちろん嫌でしょうから、自分の行動が他の人の迷惑にならないよう、常に心がけておきたいものです。

定理 33

上手い人、ライバル、ちょっと下手な人との組み合わせがベストスコアを生む

私自身の今のところのベストスコアは、２０１１年９月に磯子カンツリークラブで出した89です（このときのプレイぶりは拙書『大学教授が考えた1年で90を切れるゴルフ上達法！』で詳しく披露させていただきました）。

この日のことは、本に書いたこともあって昨日のように覚えています。皆さんの中にも、**ベストスコアを出したときのラウンド**について、鮮明に覚えている方もいらっしゃるのではないでしょうか？

それほど、ベストスコアを更新することは嬉しいものなのですが、もし、ベストスコアを出すのに、いい方法があると言ったら、興味がありませんか？

しかも、この方法は自分の力は必要としません。完全に他人まかせです。

もう、勘のいい方は気がつかれたかもしれませんが、ベストスコアを更新する方法とは、一緒に回る人を選ぶことです。

「なんだ、そんなことか!?」とがっかりされた方もいるかと思いますが、ゴルフはメンタルが大事なスポーツですから、誰と回るかがスコアに大きな影響を与えるのは間違いのない事実なので、軽く考えない方が得策です。

では、どのようなメンバーと回るといいスコアがでやすいか、考えてみましょう。

やはりいいスコアで回るには、適度な緊張感は絶対に必要です。気がおけない仲間とワイワイガヤガヤやりながらプレイするゴルフの楽しさは否定しません。しかし、**ワイワイガヤガヤの仲間だけではまずいいスコアはでない**と思っていた方がいいでしょう。

事実、私は同僚のイチロー君と回ると大体スコアが悪くなります。やつときたら、グリーン上では笑かしよるし、ティーショットを打とうとしても笑かしよるし。もう緊張感ゼロになってしまうことも少なくなくて……。

正直最近では、イチロー君と回るときはスコアは諦めていて、「脱力だけを考える」とかテーマを一つ決めて練習に専念するよう割り切っています。

緊張感が大事だからといって、自分以外は全員シングルみたいな状況だと、今度は緊張感が大きくなりすぎて、これまたいいスコアは期待できなくなってしまいます。強く緊張すると体が固まってミスショットにつながりますから。

私が考えるベストな組み合わせは、自分よりも上手い人が1人。勝つことを目標にできる人が必要です。

次に、自分と同じくらいの腕前のライバル的な人が1人。

そして、最後の人が重要で、安心させてくれるちょっと下手な人。

この組み合わせが最高の組み合わせなんです。

先ほども説明した通り、上手い人ばっかりで、自分が一番下手となると、**足手まといになったらあかんとか、はよ打たなあかん**とかなって萎縮してしまうので、実力を出すのが難しくなってしまいます。

反対に、下手なやつばかりだと、全然緊張感がなくなってしまいます。また下手なやっぱっかりで回るとリズムが悪いので、それもスコアに影響すると思います。
よく、コンペで優勝したときに優勝者がスピーチで「同伴競技者に恵まれて」という言葉を口にしますが、それは決して社交辞令ではなく、本当の気持ちなのではないかと感じています。

事実、私もコンペで優勝したときには「同伴競技者に恵まれました」と挨拶したことがあります。「誰々さんは、私より上手くていいお手本になりましたし、誰々さんとは競いました。誰々さんは私より下手で本当に安心しました」って（最後の「下手で安心しました」はさすがに言葉にはしませんでしたが……）。

いいスコアがでるかでないかは、もちろん**コースの難易度やその日の天候**にもよりますが、同伴競技者が誰かはとりわけ重要だと思います。

そういう意味でも、前にも（P137）お話ししたようなマナーの悪い人や、大きなお世話な人たちは勘弁して欲しいもんですねぇ……あ、愚痴っちゃった。

第5章

No Golf,
No Life

年50ラウンドか、80か？真のゴルフバカ！

定理34

世の中にゴルフ好きは数多くいますが、本書に度々登場してもらった准教授のイチロー君はその中でも、真のゴルフバカなのではないかと思っています。

先日のことでした。平日だというのに2日間も**大学を休んでゴルフに行く**と言い出したのです。彼には一応言い分があって、入試のときに試験監督で休日出勤をした分の代休を取るのだと言うのです。

「代休でもなんでも学生にとっては平日なんだから、先生がおらんなんてありえない」と私は猛反対しました。実は、彼がゴルフに行くと言い出した両日、私は東京に出張する予定があったのです。

私が仕事をしているのに、イチロー君はゴルフ。思い描いただけでも、悔しさがこみ上げてくるシチュエーションです。

「こんな悔しいことはない。このまま行かせたらあかん」

そう思い、私は、ありとあらゆる手段を使って止めようとしました。

「この2日行ったら、俺は絶対お前を教授にせえへんぞ」

「教授会で俺一人でも反対してやるから、覚えておけ！」

そこまで言っているのに、なんとイチローのやつ、人の忠告を無視して本当にゴルフに行きよったのです。

いっくらゴルフが好きだといっても、**出世できなくなるかもしれないのに強行する**なんて、真のバカでなくては真似できない所業です。

イチロー君のバカさ加減は、これにとどまりません。

彼は、まだ准教授なのですが、ここだけの話、国立大学の准教授の給料ってのは、たいして高くないのです。それなのにやつときたら、年間50ラウンド以上も回っているのです。しかも、ゴルフの後の反省会は欠かさないし、更に、「体痛いからモミモミ行く」とか言ってマッサージにも行きよるから、とんでもない額のお金をゴルフに使っていて、奥さんも心配しているのです。

イチロー君は大学教員以外に、企業のコンサルティングもやっているので、副収入があるのですが、契約は1年更新なので翌年も仕事がもらえるかどうかは分かりません。

そこで私が、「コンサルタントフィー、これだけもらってるなら半分取っとけ」と忠告したのですが、またしても人の忠告を無視して全部使ってしまったのです。

心配して、「お前、どうすんだ。これ全部使ってしまって」と訊いてみたら、なんと「ああ、借金しようかな!?」とか言ってのけやがったのです。

大学准教授が**借金をしてゴルフに行っている**なんて、前代未聞です。そんなことになったら、本気で教授会でやつが教授になるのを阻止してやろうと思うておる次第です。

えっ、そういうあんたは年間、何ラウンドしてるんだって？

えーと、えーと……た、多分80ラウンドくらいかな……（汗）。

いや、あの夏場早朝ゴルフも行ってたんで、週3回ゴルフしてた時期もあって。そういうときって、練習場に行く時間がなくて、あんまり上達はしないので、くれぐれも皆さんは真似しないようお願いします。

ラウンドすれば、自分なりの課題が出てきますが、それを練習場で直してから次のラウンドに向かわないとスコアは良くなりません。

やはり、**週に1回か2回の練習は欠かしてはいけません**ね。ダメですよ、年間80回もラウンドしたら。ちょっと反省。

定理35

夫婦でやるゴルフは楽しいが……、ときに修羅場、修行の場と化す！

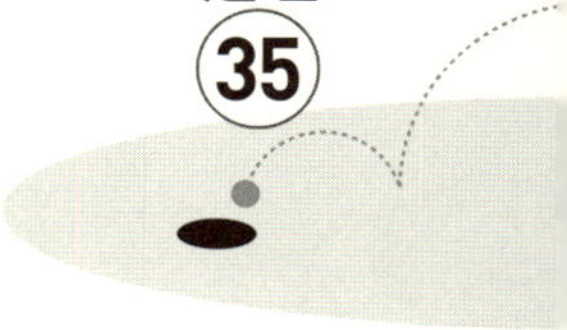

私がゴルフを本格的に始めたのは２０１０年ですので、今年で３年目のシーズンになります。実は、ほぼ同時期にウチの嫁はんもゴルフを始めて、夫婦でよく一緒にラウンドを楽しんでいます。それまでは、共通の趣味というものがなかったのですが、ゴルフを始めたおかげで共通の話題もできました。

実際、夫婦でゴルフができるのはすごくいいことだと感じています。後々定年になって時間ができたら、世界一周してあちこちの国でゴルフをしようとか、いろいろと夢が広がりますし。また、なんと言っても、一緒にプレイできる相手がいるのはいいことだと思います。１人でやっても面白くないですからね、ゴルフは。

ということで、**夫婦でゴルフを始めること自体はお勧め**なのですが、ときとして、ゴルフ場が旦那の修行の場になってしまうこともあるので、世の旦那様たちのためにお話ししておきたいと思います。

ウチの嫁はんは、ティーショットのときに右を向く癖があって、そのときも明らかにスタンスが右の林の方向を向いていたのです。もうすでにアドレスに入っているので、声をかけるのははばかられたのですが、このまま打つと林に入るのが明白だったので、「右向いてるぞ」と声をかけたのです。

嫁はんも「こうなの、こうなの、こうなの」とスタンスを動かすのですが、アドレスに入った後なので誰かに何か言われたくないのでしょう。なかなかスタンスの方向が変わりません。

私も、それ以上は言いたくなかったのですが、明らかに林を向いているので「もっと左、左」「もうちょいそこそこそこ」と必死に直そうとしました。

結局、スタンスは修正されたものの、嫁はんとしては何か不自然なものを感じていたのでしょう、打ったボールは見事、左サイドの川に一直線！

嫁はんにしてみれば、私が左に向かせるから川に入ったようにしか思えなかったらしく、ここでブチギレ、喧嘩《けんか》勃発です。

私からしたら、明らかに右を向いていたから注意しただけなのですが、もうこうなったら手に負えません。

「もう何も言わないようにして！」と言う嫁はんには、「言わない言わない。分かった分かった。二度と言わない」ととりなすのが精一杯です。

そして、嫁はんの打ち直しの球が、今度は右にパーン！

「なんで右行くの」と絶叫する嫁はんですが、私から見れば、右を向いているから右に飛んでいっただけで不思議でもなんでもありません。しかしここで何かを言うと、火に油を注ぐだけ。これ以上はほうっておくしかありません。

また、あるときはバンカーから何発打ってもでられず、「もぉー、ゴルフやめる」とか言い出し、プレイを途中でやめようとしたこともあったり……こんな風に**嫁はんがプレイ中に切れる**ことは、しょっちゅうです。

女性は感情的になりやすい（失礼！）ので、仕方がないと言えば仕方がないのですが、そのときの対処法は用意しておいた方がいいと思います。とはいえ、嫁はんがキレたとき、男にできることは多くはありません。つまり、耐えて耐えて、嵐が過ぎ去るのを待つのみです。

ただ、単に耐えているだけだと面白くないので、私の場合、逆にその耐えることを修行として捉えるようにしています。「これは、神が俺に与えた試練だ」と。

「ゴルフを続けていれば、マナーが悪いやつと回らなきゃいけないときもあるし、クラチャンの選手権のときには、いろいろなプレッシャーを俺は受ける。しかし、それにも耐えなあかん。それに耐える精神力を、俺は神様につけさせてもらってる」と、そんな風に考えるようにしています。

この忍耐の状況をポジティブに捉えれば、**常に平静を保つ非常にいいトレーニング**になるので、皆さんにもお勧めしたいのですが、如何《いかが》でしょうか？

老いてまだまだゴルフを続けるためのスウィングとクラブ

定理36

ゴルフ場に行くと、見た感じが80歳を越えていると思われる高齢ゴルファーを見かけることも少なくありません。

私は今53歳なので、80歳過ぎまでゴルフを続けると、あと30年くらいはプレイできる計算になります。もともとゴルフを始めたのが遅かったので、できれば、そのくらいの年齢になるまで現役でクラブを振っていたいと思っています。

そういう意味では、先ほどお話ししたような高齢になっても、ゴルフを続けている方のスウィングは、長くゴルフを続けるためのいいお手本です。

個人差がないことはないのですが、**年をとってゴルフをやっている人は無理のない綺麗なスウィングをされる**方が多いように思えます。距離はさすがにあまりでないのですが、まっすぐまっすぐまっすぐ行かれる。ああいうスウィングを身につけられれば、長くゴルフが楽しめる。ご高齢の方のプレイを見るといつもそんなことを思います。

また、ご高齢の方のスウィングを見ていると、全く力が入っていないのが分かります。私も常々、力を入れないスウィングを目指していますが、これがなかなか難しいのが正直なところです。

頭では、ゴルフには力はいらないことは分かっているのですが、難儀なことに力は自然と入ってしまうんです。力というのは、入れるのは簡単ですが、抜くのは本当に難しいと思います。

当たり前ですが、人間誰でも年をとれば筋力が衰えていきます。ですので、筋力に頼ったゴルフは長持ちしません。一方、**力に頼らず、理にかなったフォームと無駄のないスウィング**を身につけておけば、極端な話、90歳になっても、ゴルフはできるのではないでしょうか。

結局、ヘッドの重みを感じながら振る理にかなったスウィング、これを身につけるのが長くゴルフを続けるために不可欠なようです。

先日、友人で銀行支店長のカズノブ君と一緒にゴルフをする機会がありました。彼は、私より随分と若く、まだ40代前半なのですが、びっくりしたことに、高齢者向きのカーボンシャフトの飛ぶアイアンを使っていました。

おせっかいとは知りながら、「そんなん使ってたら、年とって使うクラブなくなるよ」と彼にはアドバイスをさせてもらいました。

カーボンシャフトのアイアンのように楽に打てるクラブに若いうちから慣れてしまうと、いざ自分が年をとって筋力が落ちてから、助けてくれるクラブがなくなってしまうというのが、私がアドバイスをした真意です。

若いうちはキチッとその**年代、年代で最大限振れる重さのクラブ**を振っておかないと、年をとったときに振れるクラブがなくなります。これは間違いありません。

そういう意味で若いうちから、安易な飛ぶクラブを使っていると、年をとってからえらい目にあってしまうのです。飛ぶクラブを使っていると、そういうクラブに体が慣れてきてしまいます。結果、若い頃はある程度飛ばせていても、年をとるにつれ距離がでなくなるのです。

第1章では正しいスウィングを身につけるために、重いクラブを使うことをお勧めしました。もちろん、重すぎて振り切れないようなクラブは論外ですが、自分が振れる一番重いクラブを使うべきです。

私はダイナミックゴールドS200という重いシャフトのついたアイアンも使っていますが、理由は先ほど述べた通り、正しいスウィングを身につけるためと将来体力が落ちたときでも、クラブ選びに困らないようにするためです。

私自身、すでに53歳でゴルファーとしては若いわけではありません。また、特に体力的に恵まれているわけでもありません。しかしそれでも、**ダイナミックゴールドS200は十分に振れる**のです。

若いゴルファーには、是非重いクラブにチャレンジして欲しいと思います。それが、ゴルファーとして長生きする秘訣《ひけつ》なのですから。

定理37

ゴルフの面白さを知らずに死ぬなんて……、死んでも死に切れん！

私がゴルフを始めたのは51歳のときでした。ゴルフデビューをするには、かなり遅い方だと思います。

ゴルフを始める前に、それこそ何百人という人から「ゴルフを始めろ、絶対面白いから」と誘われていたのですが、ずーっと拒み続けてきて、その年になってしまったのです。

今考えてみると、なんとも勿体《もったい》ないことをしたものだと、後悔しています。しかし、それでも私はまだまだ体が十分動く年齢でゴルフを始め、その面白さを十二分に感じられているので、寧ろ幸運な方ではなかったかとも思っています。

もしこれが、もっと年をとるまでゴルフをやらず、死ぬ直前に「こんなおもろいものがあったのか」と気がついたとしたら、死んでも死に切れないと本気で思います。「人生の楽しみの半分を楽しまずに死ぬのか」と後悔を残して死ぬことになってしまうわけで、化けてでること間違いありません。

こんなことを考えているので、最近では周りで未だにゴルフをやっていない人には、「ゴルフやらなあかんで」って誘って回っています。特に、同僚の工学部の教授には、口癖のように「やれ、やれ」と。

私自身経験があるのでよく分かりますが、やらない人にはゴルフの何が面白いのかさっぱり分からないのだと思います。ゴルフほど実際に自分でやってみるまで、魅力の分からないものってこの世に他にはないんじゃないかと思います。

でも、やってみないと分からないんですよ、残念ながら。

ですので、まだ、ゴルフを始めていない人には、**とにかく、まずやってみる**ことを強くお勧めします。

確かに、ゴルフはクラブを買わなくてはいけないとか、どうグリップしていいのか分からないとか、周りに教えてくれる人がいなかったら始めにくい側面もあります。ただ思い出していただきたいのですが、今現在ゴルフをやっていない人でも、大概の人がゴルフに誘われたことはあるのではないでしょうか？

おそらく、ゴルフに誘われたことがない人は、ほとんどいないと思うので、次回もし誰かに誘われたら、四の五の言わずにそのお誘いに乗ることをお勧めします。

とにかく、騙されたと思って、とりあえず一度誘いに乗ってみることです。面白さが1回で分かるかどうかは分かりませんが、2、3回やればはまりますよ。まともな脳みそ持ってる人やったらね。

年配の方で、「この年になってゴルフを始めるなんて……」と、尻込みをされる方もいらっしゃるかもしれません。

大丈夫です。ゴルフにはまるのに、年齢は関係ありません。体力に多少自信がなくても、**歩けて、クラブが振れれば大丈夫**なので心配はいりません。

ゴルフって、楽しいですよ！

定理
38

60歳まで突き進む我がゴルフ道ロードマップ

さて、本書もそろそろ終わりに近づいてきましたので、私のゴルフ道の今後の展望について披露させていただき、締めとさせていただこうと思います。

本書の中でも何度か、**当面の目標はシングルプレイヤーの仲間入り**をすることだとお伝えしておりますが、残念ながら第1章でもご紹介したように肩に怪我をしてしまったことが影響し、２０１２年はベストスコアの更新ができませんでした。

なんと言ってもホンの２、３ヶ月前までは、まだ満足に腕が上がらず、思ったようなスウィング修正も体作りもできなかったので、昨年の結果についてはいたし方なかったかと、自己分析しております。

ようやく肩の方も、怪我をする前の92％くらいにまで回復してきたので、２０１３

年は体幹も鍛えて、**飛距離を伸ばし、80台でコンスタントに回る**よう心に誓ったところです。

80台でコンスタントに回れるようになれば、シングルも目の前になりますので、今から楽しみです。

私の所属している蔵王カントリークラブのクラブチャンピオンシップは、出場資格がハンディキャップ14以下なので、現段階では私は出場できません。ですので、まずハンディキャップ14以下になることが当面の課題ですが、まぁそれは時間の問題でしょう。

出場資格を取って、いきなりクラチャンを獲ってしまうのも節操がないので、クラチャンになるのは来年くらいでいいかなあと思っています。

「シングルプレイヤーになって、クラチャンになる」。この2つが私が掲げた当面の目標でしたが、実はこれらはまだ序の口で、すでに更なる先の目標を見据えていたりもします。

まずは、ＢＭＷゴルフカップという大会です。これは、ＢＭＷのオーナーだけが参加できるアマチュアゴルファーの試合なのですが、私もＢＭＷに乗っているので、参加しています。

この試合はまずそれぞれの地元で大会が行われます。私の場合は山形の県大会です。県大会はストローク方式ではなく、ダブルペリア方式が採用されていて、過去の優勝者のスコアを見ると80そこそこなのです。

私は、今年中にはシングル手前まで行く予定なので、今年は無理にしても来年あたりはチャンスがあるのではないかと密《ひそ》かに狙っています。

山形大会で優勝すると、次は日本代表を決める決勝大会。更に日本代表になれば世界大会と続きますが、いずれもアゴアシ付きの非常に美味しい大会なのです。

さすがに国内大会以降は、ダブルペリア方式ではなくストローク戦なのかもしれませんが、「世界大会で優勝したらＢＭＷもう1台もらえんのかな」などと考えると夢は大きく広がります。

今年はまだ、**体力作りやフォームの改造**を進めなくてはいけないので、再来年かその次くらいには、少なくとも山形大会では優勝したいと考えています。

その次の目標はやはりプロです。シングルやクラブチャンピオンになったとしても、プロとの差はまだまだ大きいと思います。ですので、プロになるのは少し時間がかかると思っています。

しかし、60歳までには是非プロデビューしたいと考えています。私は53歳ですので、今からまだあと7年くらいありますから、時間的には十分だろうと考えています。実際、古市忠夫プロのように還暦を越えてからプロデビューした例も過去にはありますので、私自身、実現は可能だと考えています。

アマチュア選手権で優勝するのもいいですが、所詮相手はアマチュアですから、自分としての**最終目標はプロゴルファーになって、シニアプロを相手に勝つ**ことにおいておきたいと思います。

レギュラーツアーのプロに勝つのは、体力差がありすぎて、今からではさすがに無理だと思いますが、シニアプロ相手ならなんとかなるんじゃないかというのが、超楽観的な私の目論見《もくろみ》です。

一応断っておきますが、伊達《だて》や酔狂でこんなことを書いているわけではありません。
本人はいたって真面目にプロになることを考えています。

ポジティブ宣言！大学教授のシニアプロ誕生

定理39

もちろん今のままの腕前では、プロはおろかシングルにもクラブチャンピオンにもなれないのは自覚しています。

今、私のドライバーショットの平均飛距離は２２０～２３０ヤードくらいですが、まずは、これを**２５０ヤード以上、できれば２７０ヤード飛ばせる**ようにしないといけません。そのためには、体力アップもしなくてはいけませんが、フォームの改造も必要だろうと思っています。今までは、比較的短めに持って軽く振っていたのを、思いきり長くグリップヘッドまで持って、振り切るようにしていこうと思っています。

また、ドライバーだけではなく、ウッドも含め、全てのクラブを使いこなせるようにならなくてはダメだと思っています。どんなライからでもパーオンを狙うことが、番手にかかわらず必要になってくるので、14本のクラブを使い切ることができるようにならなくてはなりません。

シングルプレイヤーのプレイを見ていると、**全てのクラブを使いこなしているどころか、自分の腕の一部のように使っています**ので、同じようなレベルまで上げていきたいと考えています。決して簡単なことではないとは思いますが、私にはできる自分のイメージしか湧いてこないのです。

将来シングルやプロになるという話をするたび、嫁はんからは「よくそこまでポジティブになれるわね」と言われます。確かに人には無謀な夢を追いかけているように感じられるかもしれません。

しかし、私は研究者です。そして、研究者というものはポジティブでなくては生きていけない人種なのです。ゴルフも研究もポジティブ、ポジティブ！　このスタンスはずっと変えないで前に進んでいきたいと思います。

皆さん、是非、「大学教授プロゴルファー誕生！」のニュースが届く日を楽しみにしていてください。

おわりに

私は51歳で初めてクラブを握り、ゴルフを始めました。それまでは、実はゴルフのことを「止まっているボールを打つだけなのに、何が難しいのか？」とバカにしていたのです。

しかし、初めて行った練習場では、２５０球をダフりまくり、止まっているボールを打つことの難しさを教えられました。ひと月後の初ラウンドでは、右や左へＯＢを出しまくった上、グリーン周りを走り回り、頭のてっぺんから足の指先まで汗だくになり、ゴルフの難しさを嫌というほど思い知らされました。

そして、**ゴルフをバカにしていた自分こそがバカだった**ことに気づかされたのです。

静から動への動きの中で、スウィング技術の習得ばかりではなく、精神を鍛錬し、己と戦わなくては上達できないスポーツこそがゴルフだと気がつき、空手や剣道などの武道に通じる「ゴルフ道」として修行に取り組むことにしたのです。

修行というものには、当然のことながら困難に立ち向かわざるをえない場面も現れます。例えば、天候です。いつもいつも晴天に恵まれるわけもなく、雨が降ろうが雪が降ろうがアラレが降ろうが、ゴルフ場がオープンしている限り、自ら修行の機会を放棄しては、正しい道を歩くことにはなりません。

昨年のゴールデンウィークのこと、イチロー君夫妻とうちの夫婦で1泊2日のゴルフ修行の旅に出かけました。あいにく大雨洪水注意報が発令され、横殴りの雨が降る中、車を走らせていると、ゴルフ場まであと10分のところで携帯電話がなりました。電話はゴルフ場からで、「この天気だがラウンドするか?」との確認でした。「もちろん!」。何の迷いもなくそう答えると、ゴルフ場に向けてスピードを上げたものです。

ゴルフ場についてから分かったのですが、他の軟弱なゴルファーたちは皆キャンセルをし、**広いゴルフ場でその日プレイするのは、我々1組だけ**だったのです。

コース上は、すでにバンカーは池となり、フェアウェイには川が流れ、グリーンには水溜まりが点在していて、修行にはうってつけの環境が整っていました。

同伴した、女性陣2人はハーフで早々にプレイを断念し、午後はゴルフバカのイチロー君と2人だけでゴルフ場を借り切ることになったのです。

「なんて贅沢《ぜいたく》なんだろう」と喜ぶ以前に、「やはりゴルフは修行なんだ。結構辛いぜ」と認識を新たにしながら、2人して豪快に水しぶきを上げたのでありました。

私は、工学部の教授なので、職業柄、ゴルフ道具やスウィングについて、より論理的に分析してスコアアップにつなげているのではないかと思われがちです。しかし、修行を重ねるうち、**ゴルフの上達で一番重要なのは、メンタルの強さ**だという思いを強くしています。

ティーショットで林の中に消えていく1個500円もするボールを見送った直後、あたかも何事もなかったかのように平然と暫定球が打てるのか？　目の前の池に、あたかも水色のフェアウェイがあるだけだと自分に言い聞かせられるのか？　全てにメンタルが関わってくるのです。

こういうメンタル面の強さが要求される場面では、職業は何の意味も持ちません。工学部教授だろうが文学部教授であろうが、医者だろうが、喫茶店のマスターだろうが、全く関係ないのです。おそらくは修行を積んだ禅宗のお坊さんだって、何千万円の賞金がかかるパットを前にしたら手が震えるに違いないと思うのです。

ゴルフバカのイチロー君。実は彼の専門は流体力学です。スピンしながら高速で空中に打ち出されるゴルフボールの挙動を分析し、ロボットのように正確なショットを繰り出すかと思いきや、チーピン、スライスなんでもありです。

パッティングでも**微妙に変化する傾斜角度とボールと芝の摩擦抵抗**を考慮して、1㎜の狂いもなくカップに沈めるかと思いきや、第1打はカップまでの半分の距離を残し、次の一打でまた半分、3パット目でようやくカップの脇、結果ワンオンフォーパットなんてことを平気でやらかしてくれるのです。

そんな脆弱《ぜいじゃく》な精神の持ち主である若手研究者を、芝の上で鍛えて立派な大学教授に育て上げ、国の科学技術発展に貢献させるのも先輩教授としての大事な仕事だと考えています。

このように私、城戸がゴルフ道を極めることは、己の修練のためだけではなく、国家のためでもあるのです。

その重責を、我が双肩に感じつつ、**精進を怠らない**ことを皆さんにお約束して、筆をおきたいと思います。

最後までおつきあいいただき、ありがとうございました。

本書は書き下ろしです。

〈著者プロフィール〉

城戸淳二（きど・じゅんじ）

1959年生まれ、大阪府出身。山形大学大学院理工学研究科卓越研究教授。

白色有機EL素子を世界で初めて開発した有機EL研究の第一人者。マルチフォトン素子、化学ドーピング法、理論値より低電圧駆動する次世代型有機EL素子の開発などに成功。有機EL照明や大型有機ELディスプレーの実用化に道を開いた。著書に『有機ELのすべて』（日本実業出版社）、『有機ELに賭けろ！』（ダイヤモンド社）、『大学教授が考えた1年で90を切れるゴルフ上達法！』（角川SSC新書）など多数。

51歳でゴルフを始めた著者は、超一流の研究者ならではの発想法でゴルフを研究し、効率的な練習法を編み出したことで、1年でスコア90を切る快挙を達成。本書は城戸式ゴルフ上達法を、ユーモアたっぷりの語り口調で伝授している。

大学教授が発見した
ゴルフ上達39の定理
2013年6月25日　第1刷発行

著　者　城戸淳二
発行人　見城 徹
編集人　福島広司

発行所　株式会社 幻冬舎
〒151-0051　東京都渋谷区千駄ヶ谷4-9-7
電話　03(5411)6211(編集)
03(5411)6222(営業)
振替00120-8-767643
印刷・製本所：図書印刷株式会社

検印廃止

ISBN978-4-344-02420-5　C0095
幻冬舎ホームページアドレス　http://www.gentosha.co.jp/

この本に関するご意見・ご感想をメールでお寄せいただく場合は、
comment@gentosha.co.jpまで。